QUE S

Sociologie du couple

JEAN-CLAUDE KAUFMANN
Directeur de Recherche au CNRS

Quatrième édition refondue

19e mille

DU MÊME AUTEUR

La vie HLM, *usages et conflits,* Les Éditions Ouvrières, 1983.
La chaleur du foyer, Méridiens-Klincksieck, 1988.
La vie ordinaire, Greco, 1989.
La trame conjugale, analyse du couple par son linge, Nathan, 1992.
Corps de femmes, regards d'hommes, Nathan, 1995.
L'entretien compréhensif, Nathan, 1996.
Faire ou faire-faire ? Famille et services (dir.), Presses Universitaires de Rennes, 1996.
Le cœur à l'ouvrage, Nathan, 1997.
La femme seule et le Prince charmant, Nathan, 1999.
Ego, pour une sociologie de l'individu, Nathan, 2001.
Premier matin, comment naît une histoire d'amour, Armand Colin, 2002.
Un siècle de photos de familles (introd.), Textuel, 2002.

ISBN 2 13 053656 5

Dépôt légal — 1re édition : 1993
4e édition refondue : 2003, mai

6, avenue Reille, 75014 Paris

INTRODUCTION

Le couple n'est plus ce qu'il était. Il se transforme avec rapidité et en profondeur. Parallèlement, tout ce qui touche à la vie quotidienne et à la vie privée, autrefois transmis par la tradition, est mis en questionnement généralisé. Chacun veut savoir le pourquoi du moindre détail, et le comment lui permettant d'améliorer son existence.

Ceci explique la floraison de livres pratiques sur le sujet, et leur succès éditorial ces dernières années[1]. Leur analyse montre qu'ils sont presque tous construits sur le même schéma, mêlant des observations concrètes souvent justes et parlantes, qui soulignent en particulier la difficulté de compréhension entre hommes et femmes, et une absence d'explications de fond, réduites à quelques arguments, qui se résument en réalité à un seul : la différence de nature entre hommes et femmes. Or la nature n'explique pas l'essentiel des différences, et aller trop loin en ce sens conduirait à désespérer de l'évolution du couple. Prenons un seul exemple. Nous verrons dans ce livre que si les hommes et les femmes ne parlent pas de la même manière, c'est parce qu'ils n'occupent pas la même position dans le couple : les femmes sont obligées de parler plus et plus fort parce qu'elles sont en première ligne, alors que les

1. Cf. notamment J. Gray, *Les hommes viennent de Mars, les femmes de Vénus,* Paris, J'ai Lu, 1998 ; J. Gray, *Mars et Vénus sous la couette,* Paris, J'ai Lu, 2000 ; A. et B. Pease, *Pourquoi les hommes n'écoutent jamais rien et les femmes ne savent pas lire les cartes routières,* Paris, First, 1999 ; A. et B. Pease, *Pourquoi les hommes mentent et les femmes pleurent,* Paris, First, 2002.

hommes s'expriment plus rarement et de façon plus neutre parce qu'ils sont moins engagés. Si à ce moment on fait une IRM du cerveau des deux partenaires, on constate qu'effectivement les aires cérébrales activées ne sont pas les mêmes[1]. Mais cela ne signifie pas qu'ils ont deux cerveaux différents ! Cela signifie qu'ils ne jouent pas le même rôle dans le couple, et cette différence-là reste à expliquer.

Une telle erreur d'analyse n'est cependant pas imputable aux seuls auteurs de ces livres. Elle est en effet rendue possible par l'insuffisance des recherches scientifiques sur le couple (souvent de qualité mais peu nombreuses et éparses), en décalage avec la forte demande sociale de savoir sur le sujet. Le présent ouvrage répond donc à une urgence, et tend à combler un vide, au moins pour regrouper ce qui existe et le rendre plus visible.

1. A. et B. Pease, *Pourquoi les hommes mentent et les femmes pleurent,* Paris, First, 2002.

Chapitre I

LE CHOIX DU CONJOINT

I. – L'homogamie

Le couple commence avec le choix du conjoint. Pour le sens commun, ce choix, hier opéré par les familles, est devenu libre, ouvert, incertain. Effet du hasard des rencontres, de l'imprévisibilité du sentiment amoureux, ou d'un calcul d'intérêt mûrement réfléchi. Événement majeur qui enferme l'avenir en sélectionnant entre plusieurs destins possibles, il justifiait que ce flou de la connaissance soit levé.

En 1959, l'Institut national des études démographiques (INED) mène une vaste enquête, dirigée par Alain Girard[1]. Les résultats, devenus célèbres, sont publiés en 1964. Ils peuvent se résumer en deux formules : n'importe qui n'épouse pas n'importe qui ; qui se rassemble s'assemble. Vingt-cinq ans plus tard, Michel Bozon et François Héran mettent en chantier une nouvelle enquête (auprès de 3 000 personnes) pour vérifier les hypothèses et approfondir l'étude des mécanismes du choix. La conclusion est nette : « La "foudre" quand elle tombe, ne tombe pas n'importe où : elle frappe avec prédilection la

1. A. Girard, *Le choix du conjoint, une enquête psychosociologique en France,* Travaux et documents de l'INED, Paris, PUF, 2e éd., 1974.

diagonale. »[1] Diagonale qui traverse d'un coin à l'autre un tableau à double entrée croisant profession du père de la femme et profession du père de l'homme (cf. tableau). L'on constate que (taux supérieurs d'au moins 50 % à la moyenne) les artisans associent leurs enfants avec des enfants d'artisans, les commerçants avec des commerçants, les ingénieurs avec des ingénieurs, les instituteurs avec des instituteurs, les ouvriers qualifiés de type industriel avec des ouvriers qualifiés de type industriel, les ouvriers qualifiés de type artisanal avec des ouvriers qualifiés de type artisanal, les ouvriers non qualifiés de type industriel avec des ouvriers non qualifiés de type industriel, etc. L'homogamie est particulièrement forte aux deux extrémités de l'échelle sociale[2]. Vingt-cinq ans après l'enquête d'Alain Girard, l'endogamie (le fait de choisir un conjoint de même origine géographique) est un peu moins forte, ceci étant logiquement lié au développement de la mobilité résidentielle. Mais il est remarquable que l'évolution soit très lente : près d'une fois sur deux l'homme et la femme formant un couple sont encore aujourd'hui nés dans un même département[3]. Quant à l'homogamie socioprofessionnelle, si elle tend à diminuer très légèrement[4], il est vraisemblable qu'il s'agisse d'un simple glissement de critères[5], le métier deve-

1. M. Bozon, F. Héran, La découverte du conjoint. I : Évolution et morphologie des scènes de rencontre, *Population,* n° 6, 1987.
2. Ce qui est confirmé par : C. Thélot, *Tel père, tel fils ?,* Paris, Dunod, 1982 ; L. Roussel, *Le mariage dans la société française,* Paris, PUF-INED, 1975.
3. M. Bozon, F. Héran, L'aire de recrutement du conjoint, *Données sociales,* INSEE, 1987.
4. C. Thélot, *op. cit.*
5. M. Segalen, A. Jacquard, Choix du conjoint et homogamie, *Population,* n° 3, 1971 ; F. de Singly, Théorie critique de l'homogamie, *L'Année sociologique,* n° 37, 1987.

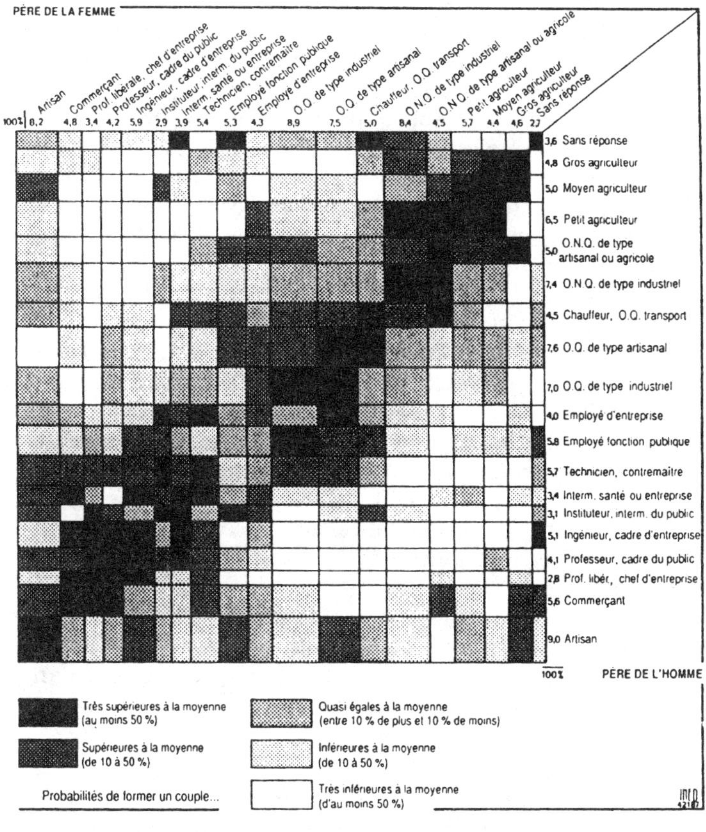

Qui épouse qui ? Origines sociales des conjoints dans les couples français âgés de moins de 45 ans (mariés ou non).

Source : Enquête « Formation des couples », INED (1984).

nant moins discriminant que le niveau de revenu, la position sociale, les affinités culturelles.

La pertinence du concept d'homogamie est donc tout à fait vérifiée. L'écho de la recherche d'Alain Girard a été tel qu'il a toutefois produit un « effet d'imposition savante » plaçant l'homogamie comme « cadre de référence obligée pour la plupart des travaux sur le choix du conjoint »[1]. Au-delà du monde universitaire, elle est devenue une catégorie de pensée usuelle ayant « force de loi »[2]. Ce « succès » du concept a eu des conséquences négatives : il a conduit à le simplifier et à le rigidifier dans ses applications les plus larges, et à le globaliser alors que les diverses composantes de l'homogamie (géographique, professionnelle, culturelle) renvoient chacune à une analyse spécifique. Par glissements successifs, une association d'idées s'est faite entre homogamie et stabilité conjugale, se traduisant, notamment aux États-Unis, par des conseils conjugaux privilégiant la ressemblance des futurs conjoints. Or la corrélation entre les deux phénomènes n'a pu être prouvée de façon satisfaisante[3]. « L'hétérogamie du statut social ne semble favoriser le divorce que dans les (rares) cas où l'homme a un niveau sensiblement inférieur à celui de sa femme. »[4] De même, le lien entre hétérogamie et désaccords idéologiques dans le couple n'a pu être établi[5].

1. F. de Singly, *op. cit.,* p. 203.
2. *Ibid.,* p. 181-182.
3. A. Beoigeol, J. Commaille, Divorce, milieu social et situation de la femme, *Économie et statistique,* n° 53, 1974.
4. J. Kellerhals, J. Coenen-Huther, Familles suisses d'aujourd'hui : évolution récente et diversité, *Les cahiers médicaux-sociaux,* vol. 34, n° 1, 1990.
5. J. Kellerhals, J.-F. Perrin, G. Steinauer-Cresson, L. Vonèche, G. Wirth, *Mariages au quotidien. Inégalités sociales, tensions culturelles et organisation familiale,* Lausanne, Pierre-Marcel Favre, 1982.

L'histoire et les retombées sociales du concept d'homogamie méritent qu'on s'y attarde. Pourquoi un tel effet produit dans l'opinion ? Pourquoi un usage si dogmatique, notamment dans les domaines d'applications concrètes ? Sans doute parce que la révélation de l'homogamie s'oppose à la représentation dominante selon laquelle les couples sont fondés sur l'amour. L'idéal amoureux, mis en scène dans les feuilletons et les romans, se veut libre de toute prédéfinition du futur conjoint : les princes doivent pouvoir épouser des bergères. Il est exact que rares sont ceux et celles qui se laissent totalement bercer par cet idéal. Mais là est justement la raison du succès du concept. Car chacun voudrait croire au choix amoureux sans parvenir à y croire vraiment. C'est dans les failles de cette mauvaise conscience amoureuse que l'évidence simplificatrice de l'homogamie s'installe. Le sens commun peut en effet difficilement nier le fait que « n'importe qui n'épouse pas n'importe qui ». Il suffit de bien regarder autour de soi pour constater que les hasards des rencontres et les « coups de foudre » ne sortent guère des cases de l'échiquier social : « On n'appareille pas un geai avec une agace » (réponse d'un agriculteur rapportée par Alain Girard)[1].

Cette mise en perspective du concept d'homogamie ne retire rien à la qualité des travaux d'Alain Girard, novateurs et ayant circonscrit un mécanisme social important. Elle incite simplement, suivant la voie ouverte par François de Singly (qui critique principalement le statisme et déterminisme du concept)[2], à poursuivre la recherche en évitant les simplifications réductrices. Pour commencer, il est nécessaire de dis-

1. A. Girard, *op. cit.*, p. 198.
2. F. de Singly, *op. cit.*

tinguer les deux composantes de l'homogamie (« qui se ressemble s'assemble » et « n'importe qui n'épouse pas n'importe qui »), leur amalgame brouillant les données et empêchant d'affiner l'analyse.

II. – Qui se ressemble s'assemble ?

1. **Semblables et différents.** – L'effet produit par la découverte de l'homogamie a conduit à globaliser les ressemblances entre conjoints (géographiques, sociales, culturelles)[1] et à les mettre en avant. Alain Girard, après avoir noté la fréquence des mariages entre sourds-muets, entre personnes atteintes de troubles névrotiques, entre veufs et divorcés, entre personnes de même type physique ou de même quotient intellectuel, en conclut : « Ainsi de toutes parts apparaissent entre les conjoints des traits de ressemblance. »[2] Or si la recherche de la proximité est fréquente dans le choix du conjoint, elle n'est pas systématique, bien au contraire : la recherche de différences est peut-être aussi importante. Ces différences ne sont pas un résultat par défaut d'homogamie, elles ne se répartissent pas au hasard : elles s'inscrivent dans des règles sociales de correspondance que la focalisation sur l'homogamie n'a pas encore permis de bien étudier.

Des dissimilitudes élémentaires ont été négligées, comme celles qui opposent hommes et femmes. François de Singly note que la fixation sur l'homogamie comme opérateur du maintien de l'ordre social a occulté les spécificités sexuelles. Or, « un homme et une femme ne se vendent pas sur le marché matrimonial de la même façon »[3]. Il le démontre en étudiant les petites

1. Alain Girard avait ouvert la voie à cette évolution, en construisant un indicateur global d'homogamie, *op. cit.*

2. *Ibid.*, p. 26.

3. F. de Singly, *op. cit.*, p. 197.

annonces. Certes il s'agit d'un « marché matrimonial parallèle »[1], mais sa particularité en fait un espace idéal d'analyse. Car les prétendants sont amenés à se présenter en valorisant les traits susceptibles de séduire les personnes du sexe opposé. Se dégagent ainsi des portraits masculins et féminins très tranchés. Les hommes mettent en avant leur profession et leurs capitaux économiques, les femmes leur aspect physique et secondairement leurs compétences relationnelles[2]. Plus les hommes sont riches, plus ils amplifient leur demande en excellence esthétique, plus les femmes sont belles (ou considérées comme telles), plus elles amplifient leur demande en excellence sociale[3]. Hommes et femmes recherchent non la similitude mais une complémentarité sexuelle, socialement codée avec une certaine précision. « La négociation entre les futurs partenaires se déroule avec pour normes implicites deux principes : l'équivalence sociale et la "complémentarité" sexuelle. »[4] Ainsi, concernant les qualités personnelles, les femmes de milieu populaire cherchent-elles un homme « travailleur et courageux » alors que les hommes souhaitent trouver une femme « simple et soigneuse »[5]. À y regarder de près, l'homogamie sociale n'est d'ailleurs pas totale, elle aussi étant marquée par une différence sexuelle : si hommes et femmes qui se ressemblent s'assemblent, la femme épouse générale-

1. F. de Singly, Les manœuvres de séduction : une analyse des annonces matrimoniales, *Revue française de sociologie,* 25 (4), 1984, p. 525.

2. F. de Singly, *op. cit.*

3. *Ibid.,* p. 545.

4. F. de Singly, Théorie critique de l'homogamie, *L'Année sociologique,* n° 37, 1987, p. 197.

5. M. Bozon, Apparence physique et choix du conjoint, *INED-Congrès et colloques,* n° 7, 1991.

ment un homme dont le statut social est un peu plus élevé que le sien (hypergamie). Ce qui explique qu'aux deux extrêmes la correspondance soit problématique : les hommes les plus défavorisés et les femmes les plus aisées se marient difficilement[1].

La question des ressemblances et des différences entre conjoints est en fait très complexe. La recherche de proximité n'est pas limitée au statut social. Dans le domaine des positions culturelles, des goûts et des manières, dans les détails les plus fins de la vie quotidienne, les futurs partenaires découvrent la possibilité de s'unir parce qu'ils ont un langage commun. Mais en même temps, la recherche est aussi celle de complémentarités, donc de différences, de natures très diverses. Attente de proximité et de contraste sont souvent étroitement mêlées, point par point : l'autre doit être aussi proche que possible, tout en apportant une richesse particulière, faite de ce dont l'on est le moins doté. Ainsi se constitue une unité conjugale qui n'est ni affaiblie par les dissemblances des deux parties, ni divisée par la concurrence provoquée par l'affrontement de deux individualités similaires. Les psychologues arrivent aux mêmes conclusions. Reprenant Jürg Willi[2], Jean-G. Lemaire souligne que les couples se forment autour d'une « perception inconsciente d'une problématique commune, avec simultanément des manières complémentaires d'y réagir chez l'un et l'autre »[3]. Le même auteur signale que ces « manières complémentaires » sont extrêmement variables sui-

1. J.-H. Dechaux, Les transformations de la famille. Une revue de la littérature française : 1980-1989, *La revue Tocqueville,* vol. 10, 1989-1990.

2. J. Willi, *Die Zweierbeziehung,* Hamburg, Rohwolt, 1975.

3. J.-G. Lemaire, *Le couple : sa vie, sa mort. La structuration du couple humain,* Paris, Payot, 1979, p. 142.

vant les situations. Par exemple, celui qui adopte le rôle « protecteur » dans des circonstances données adoptera le rôle « protégé » dans d'autres circonstances[1]. J'ai personnellement eu l'occasion d'observer de telles variations dans une enquête sur la peur : certains entretiens montraient comment les conjoints avaient accentué l'écart de leur positionnement par rapport au sentiment d'insécurité après la mise en couple, l'un était devenu plus peureux et sensible au moindre risque, l'autre minimisant les mêmes risques dans un rôle d'idéologue de la décontraction permettant à la famille tout entière de vivre positivement l'instant présent. Chacun, puisant dans les prédispositions qui l'avaient placé plutôt dans l'une ou l'autre direction, s'était laissé glisser vers une position plus extrême pour forcer le contraste et construire ainsi un jeu de rôles très complémentaires. Il est intéressant de remarquer que ces deux niveaux contradictoires de positionnement par rapport à la peur divisent tout individu : nous cherchons continuellement à la fois à oublier les risques, pour être optimistes et entreprenants, et à prendre les précautions nécessaires. Or toute division interne est combattue dans le processus de construction de l'identité : sans y parvenir jamais, nous cherchons à être le plus cohérent possible[2]. La mise en couple offre la possibilité de renforcer cette cohérence, en reportant les dissonances les plus fortes sur le conjoint dans le cadre de la formation du « moi conjugal »[3]. Jean-G. Lemaire signale une configura-

1. *Ibid.*

2. J.-C. Kaufmann, *Ego, pour une sociologie de l'individu,* Paris, Nathan, 2001 ; J.-P. Poitou, *La dissonance cognitive,* Paris, Armand Colin, 1974.

3. F. de Singly, Un drôle de je : le moi conjugal, *Dialogue,* n° 102, 1988.

tion intéressante du rapport existant entre construction conjugale et processus identitaire. Certaines personnes ayant des difficultés psychologiques (notamment une inhibition, des tendances à la passivité, des attitudes dépressives) recherchent un partenaire ayant la même difficulté mais plus accentuée. Cette caricature d'elles-mêmes permettant de repousser le « moi négatif » sur le conjoint et de renforcer le sentiment de leur propre valeur[1]. Il devient clair ainsi que la complémentarité n'est pas un simple élément annexe, encore moins un raté de l'homogamie, mais qu'elle se situe au cœur du couple. Une enquête menée sur l'entretien du linge et la formation des jeunes couples en donne un autre éclairage[2]. La mise en couple est désormais progressive, ce qui donne le temps d' « expérimenter » le partenaire, de vérifier que l'accord sur un certain nombre de références communes permet une entente minimum, que l'homogamie sociale, de goûts et de manières, est plus ou moins respectée. Parallèlement, la norme dominante concernant le partage des tâches ménagères est celle de l'égalité de répartition et une méthode fréquente, celle de la rotation (« chacun son tour »), méthode qui correspond à la supposée harmonie des goûts et des manières. Or l'histoire des débuts de la vie à deux est aussi celle de la découverte des différences et de leurs effets. Contre l'idéologie conjugale officielle du partage égalitaire et de l'interchangeabilité, les deux partenaires accentuent peu à peu leurs particularités. Cette évolution est liée au partage des tâches ménagères, qu'elle facilite, chacun effectuant ce qu'il considère comme étant le moins pénible et le plus important. Elle est liée égale-

1. J.-G. Lemaire, *op. cit.*
2. J.-C. Kaufmann, *La trame conjugale. Analyse du couple par son linge,* Paris, Nathan, 1992.

ment à une recherche de cohérence identitaire. Ainsi, dans le cadre de la vérification de leur proximité, les jeunes partenaires expérimentent aussi la mise au point d'une différenciation opératoire, à partir des écarts dans les dispositions acquises par l'un et l'autre au moment de la mise en couple. L'articulation ressemblances/différences est centrale dans la formation du couple (l'unité complémentaire est parfois l'art d'associer la plus grande proximité avec la plus grande différence). Il s'agit d'un processus dynamique et complexe, lié à la recomposition des identités, donc à l'histoire particulière de la personne, qui ne peut être rendu par une comptabilité séparée des ressemblances et des différences. Des règles de correspondance entre différences peuvent cependant être isolées. Si l'étude des complémentarités qu'elles sous-tendent est délicate, la simple mise en évidence de corrélations est très intéressante, bien autant que la règle homogamique.

2. **Les règles de correspondance.** – Prenons l'exemple de l'écart d'âge entre hommes et femmes dans le couple. Depuis plus de vingt ans, il est très régulier (environ deux ans en moyenne). Les enquêtes qualitatives montrent que c'est surtout la femme qui souhaite cet écart. Pour une femme d'un âge donné, le choix du conjoint se portera donc de façon privilégiée sur un partenaire ayant un âge défini avec une certaine précision. Le pronostic devient encore plus fiable si l'on situe la femme dans son parcours biographique et dans un groupe social. Michel Bozon a étudié dans le détail ces variations[1]. Ainsi, plus la femme commence tôt sa vie de couple, plus le partenaire choisi est éloigné par l'âge : cinq ans et demi si elle a dix-sept

1. M. Bozon, Les femmes et l'écart d'âge entre conjoints. Une domination consentie, *Population*, n°s 2 et 3, 1990.

ans, quatre ans et demi si elle en a dix-huit. L'écart n'est plus que de neuf-dix mois lorsqu'elle se met en couple à vingt-cinq ans. Plus tard, elle accepte même l'idée d'un homme plus jeune qu'elle. Surtout si elle est cadre, profession intermédiaire ou employée, les ouvrières et les agricultrices se distinguant au contraire par un écart d'âge plus élevé que la moyenne. La règle de correspondance peut encore être précisée si l'on affine les catégories. Par exemple, les femmes ayant deux unions successives passent d'un écart de quarante mois en moyenne à la première à un écart de vingt-cinq mois en moyenne à la seconde. Si elles décident de se marier plutôt que de cohabiter, l'écart sera plus important, etc. En bref : le passé biographique, l'environnement social et la situation présente permettent de diagnostiquer avec une bonne probabilité l'âge du futur élu. À demi-consciemment, la femme dessine un portrait-robot qui limite l'étendue du choix. Car l'exemple de l'âge pourrait être pris pour toutes les autres caractéristiques de l'individu. Prenons l'écart de taille, très lié à la question de l'écart d'âge : en moyenne, les femmes cherchent un homme qui soit de 11 cm plus grand qu'elles. Chiffre qui varie suivant le milieu social d'appartenance, et même suivant la taille des intéressés : les hommes petits cherchent idéalement un écart positif mais moins important que la moyenne et les femmes grandes un écart plus important que la moyenne.

Dans un autre article, Michel Bozon parvient à repérer des correspondances dans le domaine sociologiquement difficile à appréhender des apparences physiques[1]. Il montre ainsi que les femmes « intermédiaires

1. M. Bozon, Apparence physique et choix du conjoint, *INED-Congrès et colloques,* n° 7, 1991.

du secteur privé » (secrétaires de direction, comptables, rédactrices d'assurance, dessinatrices) travaillent leur silhouette pour apparaître plus minces et plus blondes que les femmes d'autres catégories sociales. Ce qui n'est pas sans rapport avec l'attente, relativement bien définie, d'un groupe d'hommes, les ingénieurs et cadres du privé, qui, plus que les autres, souhaitent une femme grande, mince, blonde, aux yeux bleus. Si l'on examine les tableaux croisant les catégories sociales des conjoints, il apparaît que les unions entre femmes intermédiaires du secteur privé et cadres du privé sont nettement surreprésentées[1]. Les catégories de perception favorisent donc les échanges privilégiés entre certains groupes. Les caractéristiques physiques ne sont pas perçues indépendamment d'autres éléments comme la manière de s'exprimer ou la tenue vestimentaire : « Tout ceci aboutit à des jugements de type moral, psychologique ou intellectuel sur les individus, qui dessinent, mais de façon indirecte, les oppositions d'un espace social. »[2] Les cadres supérieurs portent plus que d'autres des lunettes. Plus que d'autres également, ils se voient attribuer la qualité d'intelligence. Or cette qualité est celle qui les marque prioritairement sur l'échiquier social des rencontres[3]. Dans la perception des hommes par les femmes, le port de lunettes (associé à d'autres aspects du comportement) opère comme un indicateur pour la formation des couples.

Les règles de correspondance associant hommes et femmes selon des régularités statistiques ne constituent pas un autre versant, une simple extension de

1. M. Bozon, Mariage et mobilité en France, *Revue européenne de démographie,* n° 2, 1991.
2. M. Bozon, Apparence physique et choix du conjoint, *INED-Congrès et colloques,* n° 7, 1991, p. 101.
3. *Ibid.,* p. 106.

l'homogamie. Elles renvoient en effet à un arrière-plan théorique différent. L'homogamie est étroitement liée à la question de la reproduction et de la conservation de l'ordre social par des mécanismes guidant les individus et limitant leur liberté. Pour Alain Girard, « Les mécanismes qui président au choix du conjoint tendent à maintenir les structures anciennes »[1] et les individus sont fortement déterminés dans leurs choix. Les règles de correspondance, au contraire, peuvent difficilement être dissociées du jeu des acteurs. Si elles peuvent être définies avec une relative précision à un moment donné, elles sont historiquement changeantes, en rapport avec le renouvellement des goûts et des manières, avec l'évolution des relations entre groupes sociaux. Les femmes « intermédiaires du secteur privé », minces et blondes, ne travaillent leur silhouette pour atteindre ce résultat que parce qu'il s'agit du type de féminité actuellement le plus valorisé et qu'il est donc, pour cette raison, mis en avant par les ingénieurs et cadres du privé. Mais il suffit que les canons de la beauté ou les professions se transforment pour que la règle de correspondance soit à reformuler. L'écart d'âge moyen entre hommes et femmes semble très stable depuis plus de vingt ans. Cette stabilité apparente est pourtant le résultat de deux mouvements contradictoires : l'écart se réduit dans les unions de cohabitants célibataires alors qu'il s'élève chez ceux qui se marient d'emblée[2]. Plus l'on s'éloigne des moyennes, plus les règles de correspondance s'affinent et se diversifient, plus l'on se rapproche sinon de stratégies, du moins de positions particulières prises par

1. A. Girard, *op. cit.*, p. 192.
2. M. Bozon, Les femmes et l'écart d'âge entre conjoints. Une domination consentie, *Population*, n°s 2 et 3, 1990.

les acteurs. Si l'ingénieur ou le cadre du privé trouve idéalement dans la case sociale adaptée la femme correspondant à ses désirs esthétiques, c'est parce que cette dernière a compris son attente, s'y est conformée ou l'a suscitée, en suivant un régime amaigrissant et en se faisant teindre les cheveux. Entre détermination des conduites et stratégies d'acteurs, la question qui se pose (et cela vaut tout autant pour l'homogamie que pour les règles de correspondance) est donc de savoir s'il y a simple « découverte » du conjoint ou véritable choix.

III. – Choix ou découverte du conjoint ?

1. **Statut hérité et statut acquis.** – Les études sur l'homogamie sont souvent liées aux évaluations de la mobilité sociale. Elles croisent donc prioritairement la profession des parents des deux conjoints (statut hérité). Si l'on croise les statuts acquis, c'est-à-dire les capitaux économiques et culturels accumulés par les individus (que ce soit par héritage social ou par leur propre effort) au moment de leur union, on constate que l'homogamie est plus forte que celle qui se rapporte à la génération précédente[1]. La proximité sociale est donc d'abord mise en œuvre par les partenaires eux-mêmes. Jean Kellerhals constate que le processus d'homogamie s'est transformé au cours de l'histoire. Alors qu'il était autrefois le fruit d'une transmission intergénérationnelle contrôlée par la communauté, l'histoire du couple s'organise désormais « autour des conjoints eux-mêmes beaucoup plus qu'elle ne s'ancre

1. J. Kellerhals, J.-F. Perrin, G. Steinauer-Cresson, L. Vonèche, G. Wirth, *op. cit.*

dans les tissus sociaux des aînés ». « Le couple se situe dans la courte durée de sa propre histoire. »[1] L'équivalence posée entre homogamie et faiblesse de la mobilité sociale est donc trompeuse. Car elle est établie sur le fait que les individus se dégagent difficilement de leur statut hérité lorsqu'ils se présentent au mariage, que ce dernier est un élément central du mécanisme de conservation des hiérarchies sociales. Alors qu'il se limite à regrouper les proximités sociales acquises. Il peut même être considéré comme un instrument de la mobilité.

François de Singly en donne un exemple dans son analyse de la « dot scolaire »[2]. Un bon niveau d'études ouvre la voie à un « beau mariage », offrant la possibilité d'une mobilité sociale ascendante. Les filles d'ouvriers qui ont une « dot scolaire » de quinze années épousent des ouvriers. Celles qui disposent d'un investissement supplémentaire d'un an épousent des employés ou des cadres moyens. Un supplément de deux ans ouvre la possibilité de pouvoir épouser un cadre supérieur. « Ainsi, plus une fille a un capital scolaire différent de celui des autres filles de son groupe social qui sont homogames, et plus elle a de chances que son mari s'éloigne par sa position sociale de celle de son père. »[3]

2. **Les écarts à la règle.** – L'homogamie est donc à rapporter d'abord à la situation des individus au moment de leur mariage, ce qui introduit déjà un élément de dynamisme dans l'analyse. Mais il faut aller plus loin. Si le tableau des correspondances sociales est im-

1. *Ibid.*, p. 70.
2. F. de Singly, Mobilité féminine par le mariage et dot scolaire, *Économie et statistique*, n° 91, 1977.
3. *Ibid.*, p. 42.

pressionnant, on oublie trop facilement qu'une majorité d'unions sont hétérogames. Or, est-ce la règle de respect des proximités sociales qui est la plus intéressante à étudier, ou les écarts à cette règle, les unions homogames ou les hétérogames ? Est-ce la machinerie de conservation des hiérarchies ? Ou les jeux d'acteurs, les tactiques de complémentarités conjugales, les stratégies de mobilité ? En démontrant que les individus tentent de valoriser au mieux leurs capitaux sur le marché matrimonial, François de Singly indique tout l'intérêt d'une analyse portant sur les écarts à la « règle » homogamique. Il analyse ainsi comment le « beau mariage », celui qui permet à la femme une mobilité sociale ascendante, est lié à une conception des échanges conjugaux[1]. Car la femme valorise alors ses capitaux par l'intermédiaire de son mari, dans un statut de dépendance sociale et d'infériorité dans les rapports de pouvoir domestiques[2]. En cas de rupture conjugale, la réussite sociale assurée par le mariage ne peut être reproduite que par un nouveau placement matrimonial. La mort du mari le révèle ; la veuve n'a plus qu'un patrimoine dévalué sur le marché du travail mais conserve un patrimoine intact sur le marché du mariage. Plus précisément, « le maintien ou l'amélioration de la valeur féminine est d'autant plus fréquent que le premier mariage était conclu avec un homme situé plus haut socialement »[3]. Le « beau mariage » construit donc un type de rapports conjugaux et d'identité d'épouse qui ouvrent l'éventualité d'un

1. F. de Singly, *Fortune et infortune de la femme mariée,* Paris, PUF, 1987.
2. F. de Singly, La lutte conjugale pour le pouvoir domestique, *Revue française de sociologie,* vol. 17, 1976.
3. F. de Singly, *Fortune et infortune de la femme mariée,* Paris, PUF, 1987, p. 108.

second mariage accentuant encore la mobilité. À l'extrême opposé de l'échiquier des stratégies féminines, celle qui mise tout sur ses études pour réussir individuellement sur le marché du travail risque de ne pas trouver de candidat disponible sur le marché matrimonial, à cause du décalage des calendriers (les hommes épousent des femmes plus jeunes qu'eux). « Une bonne dot scolaire forme une valeur ajoutée et augmente les chances d'obtenir en échange un mari ayant une forte valeur, mais dans une conjoncture matrimoniale difficile pour la femme. »[1] Dans ce cas, l'écart à la règle homogamique peut se manifester sous la forme d'une impossibilité d'union ou du choix d'un conjoint non conforme aux attentes.

3. **L'hypothèse des petits marchés.** – Le choix du conjoint ne s'opère pas au hasard. Selon la place occupée dans la société, les probabilités statistiques circonscrivent les partenaires potentiels à l'intérieur d'un cercle relativement étroit. « Les candidats ou candidates possibles en vue du mariage sont, pour un individu, en nombre extrêmement réduit. »[2] C'est le mérite d'Alain Girard d'avoir, pour la France, révélé cette machinerie sociale. Les corrélations statistiques poussent toutefois à une conclusion qui, si elle semble de bon sens, n'est pas prouvée et est sans doute fausse : le fait que les candidats possibles soient en nombre réduit induirait qu'il n'y ait pas ou peu choix du conjoint, mais plutôt « découverte ». La surprise serait une fausse surprise, la société tirerait les ficelles de la rencontre amoureuse. « Peut-on même parler d'un choix, tant sont étroites les limites dans lesquelles il

1. *Ibid.*, p. 183.
2. A. Girard, *op. cit.*, p. 198.

peut se faire ? Le vrai problème pour les futurs conjoints n'est pas tant de se choisir que de se trouver. »[1] Les auteurs de la monographie sur *Nouville, un village français* étaient arrivés aux mêmes conclusions : « En réalité les deux partenaires du couple se sont plus trouvés que choisis. »[2] Dans le cadre de la société rurale marquée par le modèle traditionnel, l'étroitesse du choix était une réalité effective, d'ailleurs aisément observable. C'est lorsque est établie une continuité avec le marché matrimonial actuel que l'hypothèse d'un choix inexistant ou réduit devient erronée. Si l'homogamie reste relativement stable (elle diminue quand même un peu), elle change cependant de nature. Plus précisément : les ressemblances entre conjoints ne sont plus produites de la même manière. Soulignant les similitudes avec le choix du conjoint dans la société traditionnelle, Alain Girard met en évidence l'existence d' « isolats sociaux »[3]. Reprenant une étude belge[4], il indique que la possibilité de choix existe seulement à l'intérieur de « petits marchés », de « marchés séparés », où « seuls des candidats en nombre restreint peuvent se présenter »[5]. Or cette interprétation, pour attirante qu'elle soit, ne semble pourtant pas correspondre à la réalité. S'il est certain que le choix se fixe majoritairement dans certains cadres, cela ne signifie pas en effet que la possibilité d'autres choix, nombreux et divers, n'ait pas été envisagée. Le marché matrimonial est en fait très

1. *Ibid.*
2. L. Bernot, P. Blancard, *Nouville, un village français,* Paris, Institut d'Ethnologie, 1953.
3. A. Girard, *op. cit.,* p. 199.
4. C. Henryon, E. Lambrechts, *Le mariage en Belgique, étude sociologique,* Bruxelles, Evo, 1968.
5. A. Girard, *op. cit.,* p. XVIII.

large, ouvert, fluide, incertain, les hésitations sont fréquentes. Si ces dernières débouchent souvent sur l'élection d'un candidat homogame, peut-on en conclure que le « choix » était défini d'avance ? Ce serait oublier que plus d'une union sur deux n'est pas homogame. La majorité de choix non conformes à la règle homogamique est en elle-même la preuve que tout n'est pas décidé d'avance dans un petit marché fermé. Elle permet également de penser que les choix homogamiques auraient pu être différents. Plutôt que l'image statique des marchés fermés, il serait préférable de considérer la plus ou moins grande proximité avec la règle homogamique. Les mécanismes sociaux du choix du conjoint poussent à l'association des semblables et au respect de correspondances de natures diverses. Mais les acteurs conservent une marge de jeux. Ils peuvent choisir un type d'union ou un autre, ils doivent arbitrer entre des candidats différents. L'ampleur de cette ouverture est même à la base de l'instabilité grandissante des structures conjugales. Le choix porte sur des personnes concrètes, engageant, suivant la décision, vers des avenirs différents. Sur l'échelle de proximité homogamique, ils se situent à une plus ou moins grande distance et non dans l'une ou l'autre de deux catégories distinctes et figées (homogame ou non homogame). Tout écart, même minime, étant significatif est le résultat d'un arbitrage. L'attirance homogamique doit être analysée comme un processus dynamique.

Seule une vision dynamique permet de comprendre que le rétrécissement du marché des candidats potentiels ne produit pas automatiquement une diminution des choix possibles : lorsque certaines conditions créent la situation d'un « petit marché » apparent, les partenaires n'hésitent pas à s'éloigner encore plus des règles homogamiques et de correspondance. Une recherche américaine en donne une bonne illustration[1]. Les femmes arrivant sur le marché matrimonial au-delà de trente ans sont confrontées au problème de la rareté des candidats potentiels[2]. Elles le contournent par la préférence pour la vie célibataire, ou le résolvent en effectuant un choix éloigné des règles de correspondance (écart d'âge plus important lié à la présence de divorcés parmi les partenaires choisis, niveau culturel plus faible que celui qui aurait pu être espéré)[3]. Le rétrécissement du marché ne limite donc pas le choix, il l'avive au contraire, en incitant à résister à l'attirance homogamique.

La vision dynamique du processus d'attirance homogamique a un autre intérêt : elle permet de comprendre comment changent les règles de correspondance. Car ces dernières évoluent à partir des stratégies de contournement, quand les choix apparemment atypiques se multiplient et définissent de nouvelles règles.

4. **Comment s'opère le choix ?** – Si elle est relativement stable, l'homogamie, outre le fait que les critères et les procédures se transforment, tend cependant à diminuer légèrement. L'union libre, en développement, élargit l'éventail des possibles dans le choix du conjoint[4]. Au niveau des idées, l'évolution est encore plus nette : Louis Roussel note que les jeunes généra-

1. D. T. Lichter, Delayed Marriage, Marital homogamy, and the mate selection process among white women, *Social Science Quarterly,* vol. 71, n° 4, 1990.
2. F. de Singly, *Fortune et infortune de la femme mariée,* Paris, PUF, 1987.
3. D. T. Lichter, *op. cit.*
4. P.-A. Audirac, Cohabitation et mariage : qui vit avec qui ?, *Économie et statistique,* n° 145, 1982.

tions expriment une opinion marquée par des valeurs culturelles favorables à l'hétérogamie[1].

Une énigme reste cependant à résoudre : Pourquoi, les marchés matrimoniaux devenant plus ouverts, l'opinion devenant plus favorable à l'hétérogamie, l'homogamie reste-t-elle quasi stable, en diminution très lente ? Pourquoi la liberté amoureuse ne provoque-t-elle pas davantage de bouleversements dans la grille des correspondances sociales ? Ces questions nous amènent à nous intéresser à la façon dont s'opère concrètement le choix.

Un premier groupe d'explications renvoie aux conditions concrètes de la rencontre et des débuts de la formation du couple.

Michel Bozon et François Héran analysent un point intéressant : les lieux de rencontre[2], qui sont socialement construit de telle manière que n'importe qui ne rencontre pas n'importe qui. Le choix socialement délimité est donc la suite logique de ce marquage des lieux de rencontre : n'importe qui n'épouse pas n'importe qui parce que n'importe qui ne rencontre pas n'importe qui. Les auteurs dessinent un « triangle des rencontres » entre les « lieux publics », les « lieux réservés » et les « lieux privés ». Chaque catégorie socioprofessionnelle est positionnée entre ces trois pôles. Les membres des milieux populaires se rencontrent dans les lieux publics (fêtes, foires, bals, rue, café, centre commercial), les classes supérieures à capital intellectuel dans les lieux réservés dont l'accès est symboliquement ou matériellement

1. L. Roussel, *Le mariage dans la société française,* Travaux et documents de l'INED, Paris, PUF, 1975.

2. M. Bozon, F. Héran, La Découverte du conjoint, I, *Population,* n° 6, 1987, et La Découverte du conjoint, II, *Population,* n° 1, 1988.

contrôlé (association, lieu d'études, boîte, animation culturelle, sport), les cadres du privé, patrons ou professions libérales dans des lieux privés (domicile, fête de famille, entre amis)[1]. Il est difficile de démêler ce qui est le fait d'une stratégie d'élection/exclusion sociale délibérée de ce qui est non conscient : l'ouvrière va-t-elle au bal pour trouver un ouvrier, c'est-à-dire une personne détenant une bonne probabilité de devenir un conjoint, ou bien trouve-t-elle un ouvrier simplement parce qu'elle a l'habitude d'aller au bal ? Que l'un ou l'autre aspect soit dominant, le cadre ordinaire de sa sociabilité aura dessiné un cercle du choix. La fréquentation de lieux définis aura défini ce que seront ses fréquentations.

Les suites de la première rencontre s'inscrivent également dans des cadres sociaux de contrôle du choix du conjoint. Ainsi, derrière la façade idéologique obligée du libre choix laissé à l'enfant, les parents tentent-ils d'intervenir sans trop le montrer, surtout si le nouveau partenaire ne correspond pas aux attentes sociales justifiées par la position occupée, ou s'il déroge par trop aux règles, apprises d'expérience, de la complémentarité conjugale[2]. Les jeunes couples eux-mêmes éprouvent la faisabilité et la durabilité de leur union en entrant progressivement, à pas comptés, dans la vie commune. Le refus de s'engager dès le début dans un système collectif intégré est une manière de vérifier que les différences qui les séparent sont gérables sans trop de difficultés[3]. On peut en déduire l'hypothèse suivante. Si les unions passagères devien-

1. *Ibid.*
2. M.-E. Cosson, *Représentation et évaluation du mariage des enfants par les mères,* Mémoire de maîtrise, Université de Rennes 2, 1990.
3. J.-C. Kaufmann, *op. cit.*

nent plus ouvertes, plus hétérogames, les premiers temps de la vie à deux, en vérifiant la capacité d'entente entre les partenaires, fonctionnent ensuite comme un filtre : une part des unions les plus atypiques disparaissent (celles qui résistent faisant preuve d'une capacité amoureuse exceptionnelle), alors que les plus homogames (ou les plus complémentaires) se maintiennent plus facilement. Paradoxalement, la liberté amoureuse et l'instabilité conjugale n'empêchent donc pas l'homogamie de se perpétuer. La vision dynamique est ici essentielle. Car il ne s'agit pas d'une simple continuité. Le processus aboutissant à ce résultat est très différent de ce qu'il était autrefois : il est beaucoup plus fondé sur la capacité d'action et de décision des acteurs.

Le deuxième groupe d'explications porte sur les catégories à partir desquelles est opéré le choix du conjoint.

Les couples mettent très largement en avant le rôle du hasard dans la formation de leur union, y compris quand ils se sont rencontrés sur leur lieu de travail ou qu'ils ont été présentés par des amis[1]. Variable ambiguë et insaisissable, le hasard est « nulle part et partout »[2], apparent si on souhaite qu'il le soit, par le seul fait de considérer un maillon plutôt qu'un autre dans la chaîne des événements : celui qui aura rencontré sa future partenaire sur son lieu de travail pourra toujours invoquer le « hasard » l'ayant conduit à être employé à cet endroit. L'évocation privilégiée du hasard est en fait une manière de se protéger, évitant d'avoir à donner une autre explica-

1. M. Bozon, F. Héran, La découverte du conjoint, I, *Population,* n° 6, 1987, annexe 2.
2. *Ibid.,* p. 973.

tion (la complexité et l'aspect contradictoire des réponses prouvent d'ailleurs qu'une autre interprétation de la rencontre est souvent présente à l'esprit, étroitement mêlée à l'évocation du hasard)[1]. Le hasard a tous les avantages. Il permet de repousser l'idée que l'on aurait pu évaluer le partenaire comme une vulgaire marchandise, penser à une stratégie d'avenir en le choisissant, défendre ses intérêts personnels. Il permet, en jouant sur le flou, de valoriser le rôle du sentiment amoureux dans la rencontre. Parler de hasard laisse libre cours à l'évocation d'une naissance mystérieuse de l'amour.

Sous un angle d'analyse mettant à jour les déterminations cachées, l'amour perd cependant beaucoup de son mystère. Étudiés dans le détail, les jugements amoureux apparaissent comme des classements sociaux : « Les appréciations sur les personnes se construisent en effet à partir de catégories de perception intériorisées, qui diffèrent selon le milieu d'origine et selon le sexe. »[2] Michel Bozon démontre comment les critères physiques et l'évaluation des qualités morales et psychologiques mettent en correspondance les candidats des deux sexes. Il n'est pas sans importance de préférer les « minces » ou les « forts », les blondes ou les brunes, les « intelligents » ou les « travailleurs », les « spontanées » et « séduisantes » ou les « simples » et « soigneuses »[3]. « Le social n'est pas estimé en référence au niveau de vie mais au mode de vie, au style de vie »[4] : en décodant le lan-

1. M. Bozon, F. Héran, *op. cit.*
2. M. Bozon, Apparence physique et choix du conjoint, *INED-Congrès et colloques,* n° 7, 1991, p. 91.
3. M. Bozon, *op. cit.*
4. F. de Singly, Théorie critique de l'homogamie, *L'Année sociologique,* n° 37, 1987.

gage du choix amoureux il devient évident que les candidats au mariage parlent d'homogamie sans le savoir. S'ils refusent d'évoquer trop la profession ou les ressources, ou, plus précisément, s'ils les dissimulent dans une perception synthétique de la personne mêlant traits sociaux, physiques et psychologiques[1], cette intériorisation du classement social ne doit pas être interprétée comme un affaiblissement de ce dernier. Sous d'autres modalités, il reste fortement opératoire. Cette évolution expliquant que, alors que le marché matrimonial devient en apparence plus ouvert et fluide, l'homogamie se maintienne avec une certaine stabilité.

L'intériorisation des critères sociaux du choix n'est cependant pas un processus simple, et l'analyse doit aller plus loin. Les futurs partenaires conjugaux ne parviennent pas en effet à résoudre une difficulté : les catégorisations du choix leur apparaissant (plus ou moins nettement) dans leurs dimensions sociales et évaluatives du conjoint, une contradiction se forme avec la représentation dominante, qui veut que l'amour seul soit à la base de la formation des couples. Hasard ou choix ? Hasard ou amour ? Amour ou choix ? Ordinairement, l'ambiguïté et le flou savamment entretenus permettent de lisser les contradictions. Mais l'analyse détaillée des opinions révèle qu'en profondeur, de façon plus ou moins consciente, la réflexion s'agite. Michel Bozon et François Héran notent que « le cynisme décelable dans le discours des agents », c'est-à-dire la reconnaissance d'une stratégie explicite, « n'est pas constant d'un bout à l'autre de l'entretien ; il peut être réactivé ou laissé en sommeil

1. F. Héran, La cote d'amour, in *Les jeunes et les autres,* Vaucresson, Éd. du CRIV.

selon la nature des questions posées »[1]. La réalité d'un choix mûrement réfléchi peut difficilement être perçue et avouée par les candidats au mariage. Pour une raison simple : elle s'oppose à l'idéal amoureux dans ce qu'il a de plus pur, loin de tout calcul.

1. M. Bozon, F. Héran, La découverte du conjoint, II, *Population,* n° 1, 1988, p. 144, n. 21.

Chapitre II

L'AMOUR

I. – Une histoire mouvementée

1. **L'amour et le mariage.** – L'origine de l'amour courtois, au Moyen Âge, reste obscure. Ses règles, étonnantes pour l'époque, « sont l'antithèse de celles du mariage médiéval »[1]. Amour-passion, il ne peut se vivre qu'en dehors de l'institution. L'amant est prêt à se soumettre corps et âme à sa dame. Ce dévouement fusionnel prend néanmoins la forme d'un constant travail sur soi pour surmonter les épreuves (imaginées par la belle) et réaliser des prouesses, exalter l'individualité[2]. Nous sommes donc très proches, déjà, de la contradiction contemporaine qui agite désormais la vie conjugale : Comment devenir le plus authentiquement soi tout en vivant à deux, le plus intensément à deux ? Nous sommes très proches aussi de l'alchimie actuelle mélangeant subtilement sexualité et sentiment : l'amour doit procéder du corps tout en le sublimant. Sur certains points, il semble même que l'amour courtois soit en avance sur notre époque. Jean Markale décrit ainsi la survenue de l'état amoureux, qui résulte d'un patient travail sur soi. Le code courtois explique de quelle façon il est possible de ressentir les

1. J.-L. Flandrin, *Le sexe et l'Occident,* Paris, Le Seuil, 1981, p. 108.
2. J. Markale, *L'amour courtois, ou le couple infernal,* Paris, Imago, 1987.

émotions désirées. L'exact contraire de la représentation de l'amour tombé du ciel qui va ensuite s'imposer pendant des siècles. Et dont nous ne sommes pas encore vraiment sortis. Voyons justement comment s'est installée cette idée de l'amour céleste.

La parenthèse de l'amour courtois survient dans un Moyen Âge profondément troublé par l'absence d'une définition claire de la place du couple, et surtout de la sexualité, incontrôlable, qui subvertit les lois trop sèchement énoncées. Pour parvenir à établir le mariage comme sacrement (et comme norme dominante), un préalable intellectuellement très complexe était nécessaire : définir une doctrine le distinguant du péché de chair. Le sexe matrimonial fut ainsi moralisé. Sans pouvoir atteindre la pureté de Marie, mère bien que vierge, l'idéal était de s'en rapprocher, en assurant la reproduction biologique tout en évitant les affres de la volupté. L'ascétisme ou du moins la retenue, autrefois valeurs-signes du célibat, furent introduits dans le mariage. Au XIIe siècle, l'élaboration doctrinale se précipita et s'inscrivit dans une cohérence d'ensemble : le mariage est voulu par Dieu, il est un sacrement, œuvre de l'amour de Dieu ; entrer en mariage est partager l'amour divin. L'amour matrimonial est donc plus proche de la *caritas* spirituelle et indéfectible que de l'*amor* corporel et impulsif[1]. L'amour permet ce miracle : se détacher du péché malgré la conjonction des corps.

Certes tout ne fut pas simple, la sexualité débordante ne se laissa pas facilement dompter et les pénitences furent nombreuses. Mais à la fin du Moyen Âge les définitions semblent se clarifier en même

1. G. Duby, *Le chevalier, la femme et le prêtre. Le mariage dans la France féodale,* Paris, Hachette-Pluriel, 1995.

temps que le mariage s'impose peu à peu. Hélas, au XVIe siècle, le paysage se brouille. Sur le front de la sexualité d'abord. Dans le secret des confessionnaux, la répression s'abat contre les amours physiques « exagérés », « trop ardents » et « contre nature » : le but de l'acte n'est pas le plaisir mais la stricte procréation. Le péché est encore plus grave entre mari et femme qu'en dehors des liens du mariage. Sur un nouveau front ensuite : celui du sentiment. Jusque-là tout semblait assez simple : il y avait l'amour divin d'un côté, unique, positif, transcendant, qui soude à vie le groupe conjugal ; et de l'autre les plaisirs païens et paillards, qu'il s'agissait de résorber. Apparaît alors discrètement une position intermédiaire, « une sorte d'amour profane » qui tente de se faire admettre comme « vrai amour », parce qu'il se veut « honneste » et « pudique »[1]. Les théologiens s'insurgent contre ce sacrilège qui conduit à préférer sa femme à l'union avec Dieu. Vainement : la modernité sentimentale avait commencé sa longue marche.

La clarification de la norme conjugale n'avait donc été qu'apparente et provisoire. Le mariage semblait solidement installé comme institution ; mais quel était son contenu exact ? La conception purement divine de l'amour ne parvenait pas à canaliser totalement la sexualité ni à étouffer l'émergence d'un sentiment plus interpersonnel. Et le mariage renforçait par ailleurs sa fonction économique. Pour André Burguière, l'élévation de l'âge au mariage au XVIe siècle est la clé de voûte d'un nouveau modèle d'austérité qui permet aux ménages de constituer un capital suffisant et de développer l'esprit d'entreprise. « La préoccupation du couple n'est plus simplement de fabriquer une famille,

1. J.-L. Flandrin, *op. cit.*

mais de savoir la gérer, de préserver et d'améliorer son statut social. »[1] Comment se combinaient ces visées managériales avec la gestion complexe des pulsions et des sentiments ? Bien des points restent à éclaircir : le mariage se fonde sur un amalgame d'éléments très divers.

2. L'amour et l'individu. – Les époux, tenus de rester sobres dans leurs ébats sexuels, se devaient bienveillance et respect. Ce pacte n'incluait pas la tendresse. Le XVIIIe siècle la vit apparaître et irrésistiblement se répandre. Elle était une des manifestations de ce nouveau sentiment intermédiaire entre le sexe et l'amour divin : l'amour. Mal cerné, suspecté par les autorités morales, chacun essaya de l'expérimenter en contrôlant strictement ses élans. Il émergea ainsi sous la forme réservée d'une « passion domestiquée », « sentiment tendre et raisonnable » proche de la vertu et même du devoir[2]. Ce début de bouleversement dans les profondeurs fit à peine quelques vagues en surface : le mariage sembla continuer comme avant. Comme s'il se remplissait d'un élément nouveau facilement assimilable. Or, la personnalisation du sentiment était grosse d'un séisme dont nous n'avons encore subi que les premières secousses. Car nous sommes loin d'avoir rompu totalement avec la conception céleste de l'amour conjugal.

Le sentiment amoureux tel qu'il est vécu aujourd'hui résulte d'un amalgame de notions disparates. Équilibre instable structuré autour d'un couple antagonique : la personnalisation de plus en plus pro-

1. A. Burguière, De Malthus à Max Weber : le mariage tardif et l'esprit d'entreprise, *Annales*, n° 4-5, 1972, p. 1138.
2. J.-L. Flandrin, *op. cit.*, p. 88.

noncée du sentiment et son caractère transcendant, héritage de l'histoire. Nous sommes entraînés dans une révolution irrésistible tout en restant intimement marqués par un passé lointain.

Pourtant la montée du sentiment a beaucoup changé le paysage conjugal. Il se manifesta d'abord de façon erratique, non centré sur le couple : le XVIIIe siècle le canalise en le domestiquant sous la forme d'une passion tranquille, calmement cultivée à l'intérieur de l'union installée[1]. Mais ce qui devait arriver arriva : le choix initial du conjoint, fondateur de l'institution, fut à son tour contaminé. Apparut alors ce que l'époque nomma le « mariage d'inclination » (opposé au mariage arrangé), qui connut la gloire que l'on sait au théâtre et dans les romans. Le combat fut néanmoins très rude, et il fallut près de deux siècles pour que l'idée s'impose dans la morale officielle (aux alentours de la Troisième République), encore plus longtemps dans les faits.

À nouveau la même illusion : celle de la continuité. À nouveau cependant une rupture profonde, un autre élément dissonant dans l'amalgame conjugal-amoureux. La passion incluse dans le mariage d'inclination portait en elle le contraire de la tranquillité : elle se révélera au contraire brûlante et dévorante. S'alimentant au romantisme, elle allait s'aventurer dans « l'épaisseur de la nuit et des rêves, la fluidité des communications intimes », expérimenter la « prodigieuse découverte de soi par soi, génératrice de nouveaux liens aux autres »[2], inventer le couple paradoxal de la jouissance à distance et de l'engagement

1. *Ibid.*
2. M. Perrot (sous la dir. de), *Histoire de la vie privée,* t. 4 : *De la Révolution à la Grande Guerre,* Paris, Le Seuil, 1987, p. 416-417.

émotionnel immédiat[1]. La révolution du privé semblait entrée dans une phase décisive. À cause du caractère incontrôlable et déstabilisant de ce nouveau sentiment. À cause aussi et surtout de l'affirmation de soi qu'il recèle. À l'inverse de la tendresse en effet, l'élan passionnel ne dissimule guère ce qu'il est avant tout : un sursaut personnel, un coup de dé pour changer le destin. L'émotion enveloppe une reformulation de soi contrôlée par l'individu. « Nous disons aimer ce que nous sommes en train de créer et qui est en train de nous recréer. »[2] Parfois le halo émotionnel est si fort que le choix du conjoint est à peine perceptible ; parfois il est si ténu que la décision apparaît sous la lumière crue d'un consumérisme conjugal. Mais toujours le sentiment est associé à la réflexivité, à la montée inexorable de l'individualisation, de la maîtrise de sa propre vie.

II. – Rêves et réalité

1. **Vivre un roman**. – D'un point de vue sociologique, le sentiment amoureux présente un paradoxe. On « tombe » amoureux avant tout parce qu'on se représente ainsi. Or ce sentiment personnel est devenu aujourd'hui ce sur quoi le lien social est désormais fondé. Ce qui explique le double caractère du couple contemporain : à la fois plus attirant, plus intégrateur dans les relations interpersonnelles, et plus précaire, sujet à être remis en cause du jour au lendemain.

1. N. Luhmann, *Amour comme passion, de la codification de l'intimité,* Paris, Aubier.

2. F. Alberoni, Énamoration et amour dans le couple, dans M. Moulin et A. Eraly, *Sociologie de l'amour, variations sur le sentiment amoureux,* Bruxelles, Éditions de l'Université de Bruxelles, 1995, p. 18.

L'amour tel que nous le connaissons aujourd'hui a été en partie fabriqué par le roman. Il résulte largement d'une mise en scène sociale opérée par des instruments puissants, diffusant la « propagande universelle pour la romance »[1] : pièces de théâtre, feuilletons, chansons. Et, à partir des débuts du XXe siècle, par la presse féminine spécialisée[2]. Il est, selon l'expression de Thierry Raffin, un « mythe réalisé ». Car, au début plus histoire que réalité, il est devenu peu à peu une histoire qui se réalise, qui entre concrètement dans la vie de chacun d'entre nous.

Invention historique, il est désormais incorporé individuellement selon des schémas communs à l'ensemble de la société[3], qui nous permettent de communiquer. Nous possédons, grâce à lui, un mode de pensée et un langage pour parler de notre couple et de nos émotions. Nous prenons cependant parfois conscience d'un décalage entre ce langage et la réalité concrète, qui nous conduit à adopter des « stratégies d'arrangement du réel »[4]. L'amour est un mythe réalisé, mais seulement en partie.

La trame du mythe amoureux, inlassablement répétée, est très simple. C'est tout d'abord une véritable histoire, qui a un début et qui peut se raconter. Qui commence souvent (ce sont les plus belles histoires d'amour) par un sentiment violent, « le coup de

1. D. de Rougemont, *L'amour et l'Occident,* Paris, Plon, 1956.

2. La littérature, le cinéma et les fictions télévisées sont de plus en plus partagées aujourd'hui entre la reproduction du modèle et la description plus concrète des sentiments, traversés notamment par l'indécision. Cf. S. Chalvon-Demersay, Une société élective. Scénarios pour un monde de relations choisies, *Terrains,* n° 27, 1996. La presse féminine suit une évolution comparable.

3. T. Raffin, L'amour romanesque : mythe et réalité d'un mode féminin d'engagement matrimonial, *Dialogue,* n° 96, 1987.

4. *Ibid.,* p. 70.

foudre »[1]. Qui continue par des vicissitudes les plus imprévues, car le sentiment est insaisissable. Qui peut se terminer dramatiquement, car la passion est dévastatrice et absolue. Le plus important étant que, toujours, l'Amour est unique, sentiment homogène constitué comme une entité séparée sinon divine[2].

2. **La diversité de l'amour.** – Les enquêtes révèlent une réalité du vécu amoureux ne correspondant qu'en partie à ce modèle. Première différence : une proportion non négligeable de couples avouent s'être plutôt rencontrés ordinairement, d'avoir certes éprouvé des jeux de séduction[3], une attirance mutuelle, mais pas sous la forme de l'émotion vibrante et absolue qui individualise le partenaire, le sépare du reste du monde, d'avoir commencé à vivre ensemble « comme ça », sans même se rendre compte que le couple s'installait, par ses simples habitudes de vie commune, le sentiment prenant forme par la suite. Deuxième différence : l'analyse détaillée de l'Amour lorsqu'il s'exprime permet de mettre en évidence une très grande variété de composantes diverses[4], artificiellement regroupées dans la représentation unique par l'idéologie amoureuse. Les sentiments amoureux sont de natures variées : la passion n'est pas l'affection ou la tendresse. Au-delà de ces formes généralement reconnues, la diversité amalgamée dans l'Amour est encore plus grande. On y trouve des émotions corporelles, se

1. M.-N. Schurmans, L. Dominicé, *Le coup de foudre amoureux. Essai de sociologie compréhensive,* Paris, PUF, 1997.
2. S. Chaumier, *La déliaison amoureuse,* Paris, Armand Colin, 1999.
3. Y. de la Bigne, *L'homme désir, enquête au pays des séducteurs,* Anne Carrière, 2002.
4. A. Torres, Amores e desamores. Para una analise sociologica das relaçao afectivas, *Sociologia-Problemas e Praticas,* n° 3, 1986.

traduisant physiquement par des troubles de l'appareil neuro-végétatifs, aussi bien que de l'admiration intellectuelle ou de la satisfaction calculée pour ce qui est reçu dans les échanges conjugaux. On peut même y trouver de la violence et de la haine dans certaines formes particulières[1]. Traduit dans le langage unificateur du mythe, cela devient « du sentiment », de l'Amour avec un grand A.

Deux formes essentielles du sentiment doivent être distinguées : le choc amoureux, l'émotion qui peut se produire lors des premières rencontres, et l'attachement.

Le choc amoureux n'est pas obligatoirement présent au début, et prend des formes très variées. Il y a de grands bouleversements passionnels et de toutes petites décharges électriques. Le choc amoureux est le résultat d'une prédisposition socialement et individuellement construite, qui place le sujet dans les conditions de pouvoir ou de devoir l'éprouver. Ainsi les hommes qui, étant donné leur place sur l'échiquier des règles de correspondance, prêtent attention plus que d'autres au physique des femmes, sont davantage susceptibles de ressentir un déclenchement soudain du sentiment amoureux[2]. Cette prédisposition est cependant croisée avec l'imprévisibilité de la rencontre qui est à la base de la surprise émotionnelle et avec le caractère réflexe des réactions biologiques, du trouble sexuel. Le choc amoureux tient sa spécificité de ce mélange complexe de biologique socialement préconstruit, individuellement plus ou moins contrôlé, soumis au hasard des rencontres et à la force de la surprise.

1. J.-G. Lemaire, Aux confins de la passion et de la psychose, *Dialogue,* n° 96, 1987.

2. M. Bozon, Apparence physique et choix du conjoint, *INED-Congrès et colloques,* n° 7, 1991.

L'attachement au contraire se forge sur la longue durée, de façon régulière, presque cumulative. Pour ceux qui n'ont pas vécu de « vrai » coup de foudre également, les débuts de la vie commune sont marqués par l'émotion qui naît de la découverte de l'étrangeté intime du partenaire, du remue-ménage intérieur « des habitudes, des opinions, des sentiments, des comportements »[1]. Puis l'autre trouve sa place dans le « moi conjugal » et l'émotion liée aux surprises disparaît. Elle est progressivement remplacée par une forme sentimentale plus discrète mais aussi plus constante, liée à l'attachement mutuel des deux partenaires. Une forme amoureuse particulière, très différente des tumultes émotionnels du sexe-amour, si discrète et diffuse qu'elle se fait presque invisible, pourtant intense et profondément structurante. Un amour conjugal fait d'apaisement, d'amitié affectueuse, de complicité, de soutien et de générosité mutuelle, de tendresse[2]. Et aussi d'un art des petits plaisirs, d'une véritable culture de ce trois fois rien qui a le pouvoir de devenir si beau et de faire tant de bien.

3. **L'amour et le choix du conjoint.** – L'amour est une construction sociale. Il ne diffère guère en cela de beaucoup de choses qui nous entourent et que nous prenons pour évidentes alors qu'elles sont le résultat d'un long mouvement historique de mise en forme, d'élaboration d'un sens particulier. L'amour est toutefois une construction particulière dans la mesure où existe un décalage manifeste entre sa représentation collective et la façon dont chacun le vit.

1. L. Roussel, *La famille incertaine,* Paris, Odile Jacob, 1989, p. 115.
2. V. Caradec, De l'amour à 60 ans, *Mana,* n° 3, 1997.

Pourquoi ? Pourquoi après la phase historique d'invention par le roman, qui est parvenue à inscrire en nous des habitus amoureux, est-il encore nécessaire aujourd'hui de vivre à travers un rêve qui ne correspond qu'en partie à la réalité ? Parce que le mythe amoureux a une vertu essentielle ; il masque le fait que l'élection du conjoint pourrait être le résultat d'un choix mûrement réfléchi.

Les partenaires tendent à surévaluer le rôle du hasard dans la rencontre. Explication bien commode. Mais elle ne vaut plus pour la suite, la mise en place d'une vie commune. Le hasard est alors souvent relayé par le « comme ça » : « Nous avons commencé « comme ça », sans trop nous en rendre compte ». Argument qui a l'inconvénient de donner une image de soi passive. S'ils veulent se mettre en scène de façon plus responsables et actifs, ils n'ont que deux lignes d'explication possibles : soit ils ont délibérément choisi, soit ils ont été emportés par l'Amour. Généralement, le flou des réponses (et le flou des représentations) permet de mélanger un peu les deux. Mais une sorte d'autocensure interdit d'aller trop loin dans le sens du choix délibéré. Poussée à l'extrême, elle placerait la personne élue dans la position désagréable du produit commercial évalué par un consommateur. Elle ne serait qu'une parmi les autres, comparable point par point, avec des qualités et des défauts quantifiables. Au point que le choix serait très délicat, toujours incertain. L'amour est l'exact contraire du choix. Il est un engagement de tout l'être, sans calcul, qui brise la froideur analytique.

Citant une lettre de lectrice du *Petit écho de la mode* de 1907 (c'est-à-dire à la période ou s'expérimentait socialement le mariage amoureux), Thierry Raffin donne un exemple des rapports pouvant unir choix et sentiment[1]. La lectrice se place résolument dans l'optique du choix rationnel (« Je choisis ma voie dans la plénitude de ma raison »). Résultat : il lui a été impossible de trouver un mari (« J'ai donc pris le temps de réfléchir, de comparer, d'observer ; mes méditations n'ont pas été favorables au mariage »). Manifestement, elle a refusé de se laisser aller aux élans de son cœur. Pourtant dans son esprit, choix et sentiments ne font qu'un, ses phrases mélangent sans cesse les deux lignes d'explication. « Je ne voulais pas épouser le premier venu, je prétendais aimer, estimer mon mari, m'assurer que son caractère, ses goûts, fussent en harmonie avec les miens. » Elle parle en partie avec le langage de l'Amour tout en essayant d'exercer son choix de façon rationnelle.

Le sentiment amoureux est toujours lié à la question du choix. Il est possible de le vérifier en analysant ses formes d'expression selon les contextes. La tendresse, calme et continue, fonctionne comme un renforcement permanent de l'attachement, garantissant une non-remise en cause de l'acquis conjugal. Le coup de foudre au contraire est soudain et violent car il se produit au moment même du choix. Michel Bozon et François Héran établissent un lien statistique entre « la foule et la foudre », l'émoi amoureux saisissant davantage ceux qui se rencontrent dans les lieux publics, là où plus qu'ailleurs, on a « l'embarras du choix ». S'exprime de cette façon l'impression que « le choix se fait sans qu'on ait à le faire, et sans qu'un tiers vienne vous l'imposer »[2].

1. T. Raffin, *op. cit.,* p. 75.

2. M. Bozon, F. Héran, La découverte du conjoint. I : Évolution et morphologie des scènes de rencontre, *Population,* n° 6, 1987, p. 968.

Le lien paradoxal entre choix et amour se vérifie également en comparant hommes et femmes. Les femmes vivent le sentiment nettement plus que les hommes. Il est même possible de dire que l'amour est « le mode féminin d'engagement matrimonial »[1]. Or les femmes ont, beaucoup plus que les hommes, à gagner ou à perdre du mariage[2]. Il est donc logique qu'elles soient davantage observatrices de détails « interprétés comme les indices de propriétés psychologiques, morales et en définitive sociales »[3] et réfléchies dans leur choix. Elles sont à la fois plus amoureuses et plus calculatrices, plus amoureuses justement pour se cacher qu'elles sont plus calculatrices.

III. – Le contrat amoureux

1. **L'élargissement de soi.** – Le sentiment amoureux est étroitement lié au choix du conjoint. Il est également lié à la construction de l'identité personnelle. Il positive l'être considéré, et ce faisant, construit un rapport de sens positif pour l'amoureux lui-même : être amoureux de son mari ou de sa femme, c'est être en accord harmonieux avec le sens de sa vie. Plus largement, l'amour pour tout ce qui peuple le monde intime est inséparable de la construction de l'identité. Nous sommes amoureux de notre conjoint et de notre enfant, mais nous idéalisons aussi nos amis, notre chien, notre logement. Ce regard est le même que celui qui forge l'identité : nous nous

1. T. Raffin, *op. cit.*, p. 71.
2. F. de Singly, *Fortune et infortune de la femme mariée*, Paris, PUF, 1987.
3. M. Bozon, *op. cit.*, p. 109.

représentons à travers la fabrication de l'unité de notre personne[1] et le filtre nécessaire de l'estime de soi. Le sentiment amoureux pour ce qui nous entoure est donc un simple élargissement de la construction positive d'un moi cohérent et évident. Le monde proche devient familier parce qu'il est devenu une partie de nous-mêmes. Dans l'échange quotidien avec les personnes aimées et les objets familiers, nous éprouvons la réalité d'un moi qui dépasse les frontières de l'individu biologique, qui doit obligatoirement dépasser ces frontières pour exister vraiment[2].

Le sentiment amoureux s'inscrit donc dans la normalité du processus identitaire. Mais, comme le note Georg Simmel, la passion la plus absolue est aussi la plus fragile dans la mesure où elle se place dans une logique de fuite de la réalité[3]. La passion « dévorante » est ambivalente : elle construit un moi tout entier structuré autour d'elle, cohérent et qui semble inébranlable, tout en rendant problématique la confrontation avec la réalité. Le passionné est condamné à s'enfermer dans sa passion. Elle est pour cette raison très proche du dérèglement psychique, l'élargissement de soi sous forme d'ancrage obstiné pouvant combler un manque intérieur. « Nous retrouvons chez les psychotiques habituels et chez les passionnés des types comparables de fonctionnement par rapport à la notion de frontière du soi et d'identification projective. »[4]

1. J.-C. Kaufmann, *Ego. Pour une sociologie de l'individu*, Paris, Nathan, 2001.
2. *Ibid.*
3. G. Simmel, *On Women, Sexuality and Love*, New Haven, Yale University Press, 1984.
4. J.-G. Lemaire, *op. cit.*, p. 20.

2. **Le renforcement mutuel de l'identité.** – La passion n'est pas calculée. Mais elle ne porte vraiment tous ses fruits qu'en déclenchant le sentiment en sens inverse, l'amour de la personne aimée pour soi. Don D. Jackson indique que dès leur première rencontre, les futurs partenaires ébauchent les termes d'un marché qui réglera par la suite leurs échanges, ce que chacun donnera (biens et services d'une certaine nature) contre ce qu'il recevra (biens et services d'une autre nature)[1]. À l'intérieur de ce marché, le contrat amoureux est le plus important : sentiment contre sentiment, regard positif sur l'autre contre regard positif sur soi, refus mutuel de la critique et de l'agressivité[2]. Au-delà des particularités du sentiment de l'un et de l'autre, le service échangé est identique, il consiste à reconnaître la personne comme personne, à l'aider par ce soutien extérieur à la positivation et à la densification de sa réalité d'être.

Le sentiment amoureux est également lié à l'individualisation de la société[3], car il isole la personne en tant que personne, séparée des autres[4]. Simmel précise que l'on n'est pas amoureux de certains aspects seulement mais de la personne « tout entière ». Le sentiment construit l'individualité et l'unité, la sécurité ontologique[5] et la positivation, c'est-à-dire ce que chacun recherche pour lui-même. Il y a donc double bé-

1. D. D. Jackson, Les règles familiales : le quid pro quo conjugal, *in* P. Watzlawick, J. H. Wealand, *Sur l'interaction,* Paris, Le Seuil, 1981.

2. J.-G. Lemaire, *Le couple, sa vie, sa mort. La structuration du couple humain,* Paris, Payot, 1979.

3. U. Beck, La religion séculière de l'amour, *Comprendre,* n° 2, 2001.

4. G. Simmel, *ibid.*

5. F. de Singly et K. Chaland, Quel modèle pour la vie à deux dans les sociétés modernes avancées ?, *Comprendre,* n° 2, 2001.

néfice à être amoureux quand l'amour est partagé : l'élan passionnel fixe l'identité sur un objet, la stabilisant ainsi, et la personne aimée renforce en retour le travail personnel de construction de soi. Le « miracle » de l'amour est de réaliser cet échange dans le cadre de flux émotionnels. La proximité du corps et la présence des émotions, la liaison intime entre sentiment et sexualité, font que la reconnaissance mutuelle des identités a une densité, une concrétude, une force de réalité charnelle qui la constituent en antidote parfait dans l'univers froid des relations impersonnelles et formelles de la modernité[1].

La passion des premiers temps masque les raisons du choix et engage dans l'aventure à deux. Francesco Alberoni a noté qu'elle est souvent suivie d'un « désenchantement »[2], retour progressif à une vision plus réaliste, grosse de nostalgie pour les temps du début[3]. Le désenchantement est cependant partiel. Car la mise en place initiale du contrat amoureux a construit l'habitude d'une reconnaissance réciproque minimum. Le partenaire est inscrit dans le cercle de la familiarité, il fait partie de soi. Il est, par cette présence, reconnu dans une certaine réalité d'être. L'institution conjugale, fondée sur le contrat amoureux des débuts, fonctionne désormais comme un support ordinaire de l'identité. Cette reconnaissance minimum et routinière n'est cependant la plupart du temps pas suffisante. Il faut apprendre à développer l'amour-tendresse, la générosité et la complicité du deuxième temps conjugal.

1. M. Bertilsson, Love's labour lost ? A sociological view, *in* M. Featherstone, M. Hepworth, B. Turner, *The Body. Social Process and Cultural Theory,* London, Sage Publication, 1991.
2. F. Alberoni, *Le choc amoureux,* Paris, Ramsay, 1981 ; *Le vol nuptial,* Paris, Plon, 1994.
3. A. Torres, *Casamento em Portugal,* Lisbonne, Celta, 2002.

Il faut briser (au moins un peu) les routines pour réinventer le couple[1]. L'individu souhaite être confirmé plus concrètement, plus fortement. « On demande de l'authenticité permanente, seul garant des satisfactions psychologiques et affectives. »[2] Les difficultés d'un tel exercice « conduisent bien souvent les deux acteurs à reprendre des morceaux de répertoire déjà joués. L'important est que se glissent au sein de la pièce des moments de surprise (...), des gestes inattendus qui démontrent que malgré tout la personne aimée est toujours là, prête à vous séduire, à vous écouter »[3]. Plus encore : l'autre peut vous révéler tel que vous n'auriez pas même imaginé être[4]. L'amour est un processus vivant, qui produit des effets en profondeur.

1. P. Brenot, *Inventer le couple,* Paris, Odile Jacob, 2001.
2. F. de Singly, L'amour coupable, *Sciences humaines,* n° 9, 1991.
3. *Ibid.*
4. F. de Singly, *Le Soi, le couple et la famille,* Paris, Nathan, 1996.

Chapitre III

LA FORMATION DU COUPLE

I. – Le couple incertain

1. **Le séisme.** – La structure du couple a été soudainement et profondément bouleversée depuis la fin des années 1960. En Europe, parti des pays du Nord, le mouvement s'est rapidement étendu au Centre puis au Sud. Avec quelques années de décalage, l'évolution parallèle des indicateurs statistiques est impressionnante. Le nombre des divorces a augmenté fortement, pendant que celui des mariages diminuait ; l'union libre se généralise, les naissances hors mariage se multiplient, ainsi que le nombre des familles monoparentales et celui des personnes vivant seules. « Jamais sans doute, de mémoire d'historien, bouleversement, en ce domaine, ne fut aussi important et aussi brusque. »[1] En vingt ans, le taux de divorce est passé de 5-10 % des ménages à 20-30 % en Europe du Centre, de 10-20 % à 30-40, voire 50 %, en Europe du Nord. En dix ans (de 1975 à 1985), le nombre des mariages a baissé de 30 % en France, et le nombre des naissances hors mariage a été multiplié par 2,5. La conclusion est nette : le couple est devenu une réalité à la fois moins institutionnalisée et moins stable, les essais de vie à deux informelle et

1. L. Roussel, Données démographiques et structures familiales, *L'Année sociologique,* n° 37, 1987, p. 49.

les changements de partenaires, hier exceptionnels, sont désormais légitimes. Moins institutionnalisé et moins stable, le couple est également moins fréquent : à Paris et dans plusieurs grandes villes de l'Europe du Nord, un ménage sur deux est composé d'une personne vivant seule.

« Toutes ces évolutions se sont produites au détriment des ménages composés d'un couple marié avec enfants. Commencé plus tard, terminé plus tôt, de plus en plus rompu par le divorce, de moins en moins reconstitué par un remariage, ce type de ménages, longtemps dominant, est devenu, en distribution transversale, partout minoritaire. »[1] En vingt ans, il est passé de 45 % à 39 % des ménages en France, de 40 % à 28 % aux États-Unis, de 37 % à 25 % en Suède.

Contrairement aux apparences, le couple demeure cependant dans les esprits une référence centrale. S'il est devenu plus instable et statistiquement minoritaire, c'est justement parce que les acteurs exigent plus de lui, parce que chacun aspire à « une vie privée garantissant de grandes gratifications affectives (et sexuelles) »[2]. Paradoxalement, l'idéalisation du couple est à l'origine de sa fragilité[3], le rendant plus complexe à construire. Les chiffres mesurant la composition des ménages, pour importants qu'ils soient, ne doivent donc pas masquer l'essentiel, la transformation du processus interne de formation des couples.

2. **Deux modèles ?** – Le mariage tel que l'ont connu les générations les plus anciennes (acte fondateur du

1. *Ibid.*, p. 58.
2. F. de Singly, Sociologie de la famille conjugale, *Cahiers français*, n° 247, 1990.
3. G. Neyrand, Idéalisation du conjugal et fragilisation du couple, *Dialogue*, n° 155, 2002.

couple, reposant sur le choix personnel des conjoints mais constitué d'une cérémonie publique de légitimation de l'union, groupée en un temps bref marquant sans transition le passage à l'état adulte) est de construction historique relativement récente[1]. Son âge d'or se situe au XIXe siècle et il perdure sous ces formes, parfois légèrement vidé de sa substance, jusqu'aux années 1950. Puis il amorce un changement de forme[2] et surtout de place et de fonction dans le cycle conjugal. Il fondait le couple ; il tend de plus en plus à le parachever. Il définissait un cadre de socialisation ; il tend de plus en plus à institutionnaliser le cadre de socialisation préalablement mis en place. Le mariage de type ancien marquait une rupture brutale entre le temps de la jeunesse, dans la famille d'origine, et l'entrée dans la vie adulte. Au contraire, les jeunes dans leur majorité entrent désormais progressivement en couple, à petits pas.

Le changement ne touche cependant pas l'ensemble de la société. Un nombre non négligeable de jeunes ménages commence sa vie à deux directement par le mariage ou après une brève cohabitation n'ayant pas vraiment été souhaitée. Michel Bozon signale que la cérémonie continue à mettre en scène de façon formalisée la transition de la famille d'origine au nouveau couple[3]. La mise en commun du logement produit une coupure nette, les familles sont fortement impliquées dans l'organisation de la cérémonie, les parents aident

1. M. Bozon, Le mariage : montée et déclin d'une institution, *in* F. de Singly (éd.), *La famille. L'état des savoirs,* Paris, La Découverte, 1991.
2. M. Bozon, Sociologie du rituel du mariage, *Population,* n° 2, 1992.
3. M. Bozon, Le mariage : montée et déclin d'une institution, *in* F. de Singly (éd.), *La famille. L'état des savoirs,* Paris, La Découverte, 1991.

davantage financièrement le jeune couple à s'installer. Enfin la mariée, selon le rituel ancien, reste au centre de la fête[1]. Ce modèle traditionnel est surtout répandu dans les milieux populaires. Olivier Schwartz montre comment le mariage et la maternité représentent pour les femmes ouvrières auprès desquelles il a enquêté le seul programme disponible et crédible de réalisation personnelle. « C'est peu dire qu'elles ont investi le mariage : souvent elles s'y sont précipitées »[2], liant installation conjugale précoce, institutionnalisation par le mariage et abandon du travail salarié. Il semble donc que l'évolution actuelle des formes conjugales se structure entre deux pôles contraires : l'installation progressive et contrôlée et le maintien du modèle matrimonial ancien dans les milieux populaires. Ce point mérite quelques explications dans la mesure où c'est justement dans le monde ouvrier que l'union libre était autrefois la plus répandue.

À la fin des années 1960, alors que les classes moyennes et supérieures découvraient la cohabitation, un quart des couples ouvriers avaient commencé leur vie commune de façon informelle et près d'un tiers de ces derniers s'étaient maintenu durablement en union libre[3], pratique vraisemblablement liée à une tradition ancienne. Puis un double mouvement traverse ce groupe social : le mariage est davantage recherché, mais en même temps la cohabitation comme union à l'essai, telle qu'elle s'expérimente dans les classes moyennes, se développe également, notamment dans

1. *Ibid.*

2. O. Schwartz, *Le monde privé des ouvriers. Hommes et femmes du Nord,* Paris, PUF, 1990.

3. C. Villeneuve-Gokalp, Du mariage aux unions sans papiers : histoire récente des transformations conjugales, *Population,* n° 2, 1990.

les couches les plus qualifiées. Catherine Villeneuve-Gokalp signale ce fait relativement récent : depuis le début des années 1980, les jeunes ouvriers qui ont les meilleures chances de promotion sociale repoussent les engagements familiaux, du moins les plus formalisés. Il est donc trop schématique de faire correspondre le modèle matrimonial traditionnel à l'ensemble des milieux ouvriers et populaires. Les franges inscrites dans une perspective de mobilité sociale éventuelle mettent en œuvre la construction du couple « à petits pas » qui tend à se généraliser et à s'imposer comme norme de comportement. Les moins stabilisés, surtout les femmes, continuent à espérer un mariage rapide qui contraste souvent avec leur situation de fait : la précarité conjugale et les unions informelles sont alors des situations subies. En distinguant l'analyse des faits de celle des aspirations, il devient clair que le modèle matrimonial classique ne constitue pas une référence pour l'ensemble des milieux ouvriers et populaires, mais qu'il est le plus fort lorsque l'on s'approche des risques de marginalisation sociale, surtout pour les femmes. Car ce couple archétypal, fondé par une cérémonie publique, confère une place légitime dans la société, place qui à son tour définit une identité et offre une protection. S'il existe bien un contre-modèle, il n'est donc pas tant lié à la culture d'un groupe particulier qu'aux processus de domination.

II. – Le couple à petits pas

1. **Vivre au présent.** – Le mariage de type ancien marquait une rupture brutale entre le temps de la jeunesse, dans la famille d'origine, et l'entrée dans la vie adulte. Au contraire, les jeunes dans leur majorité entrent désormais progressivement en couple. La vie à

deux commence dès la première rencontre, qui fixe déjà un cadre d'échanges. C'est souvent la régularisation des rapports sexuels qui entraîne la cohabitation. Mais l'établissement de cette dernière est lui-même progressif : le visiteur occasionnel devient invité permanent puis partenaire à part entière. Accumulant petites décisions et structuration d'une organisation collective naissante, le couple s'installe peu à peu sans même en prendre conscience. L'important dans les esprits est le lien interpersonnel, sa qualité, son authenticité, la satisfaction retirée par chacun de ce que l'autre lui apporte et du système dans lequel il s'intègre, les choix d'organisation à prendre dans le présent. L'avenir est absent du point de vue conjugal : peu de projets précis à long terme, une volonté très faible de définir l'évolution future de leurs rapports.

Pourquoi ce refus de regarder avec réalisme l'avenir conjugal ? Parce que la première phase du couple, celle qui va de la rencontre au début de l'installation, ne peut se vivre avec une conscience trop claire de la structuration qui est en train de se mettre en place. Dès les premiers regards, dès les premiers mots, dès les premiers instants passés en commun, un processus collectif s'est mis en branle qui pousse chacun à typifier l'autre, à se conformer aux attentes supposées, à construire un marché d'échanges spécifique où les deux partenaires trouvent leur intérêt. La suite ne sera qu'accumulation, jour après jour, de règles nouvelles à l'intérieur de ce cadre, d'habitudes et d'objets donnant davantage de densité et d'ancrage à l'échange. Une vision trop précise de ce mécanisme supprimerait la marge d'action qui permet l'expérimentation conjugale des débuts. C'est parce qu'ils n'ont pas conscience d'occuper déjà des positions et de se situer dans un processus évolutif, parce qu'ils ont l'impression de vivre avec liberté et légèreté leurs rapports de personne à personne, d'être inventifs en tous domaines, que les jeunes partenaires parviennent à repousser les engagements. C'est parce qu'ils ont l'illusion de vivre dans une parenthèse, un report de l'entrée dans l'âge adulte, qu'ils parviennent à constituer et élargir la réalité de cette parenthèse.

2. **La légèreté conjugale.** – Cette capacité présuppose une légèreté conjugale, tant du point de vue des engagements, du degré d'intégration, que de celui du poids de l'organisation, des habitudes, des équipements et objets scellant l'union. Le couple est donc amené à s'installer lentement, y compris concernant les aspects matériels, ce qui concorde souvent avec les moyens permettant cette installation et avec les possibilités et attentes des parents. Ces derniers sont alors mobilisés pour financer les études de leurs enfants ou pour les soutenir dans la période difficile de recherche de leur premier emploi ; la cohabitation légère évite une pression supplémentaire. La famille d'origine sert aussi de base de repli, pour ne pas aller trop vite dans les choix et l'intégration conjugale. En cas de rupture, elle offre un « chez-soi » que l'on n'aura pas d'ailleurs vraiment quitté, un havre de secours avant de repartir pour un nouvel essai, un espace alternatif où chaque partenaire retrouve ses réseaux et repères personnels. Où également quelques travaux ménagers peuvent être traités individuellement, soulageant ainsi le couple naissant de ces tâches, qui auraient impliqué des décisions et une mise en commun, c'est-à-dire un degré de collectivisation que les deux partenaires n'étaient sans doute pas prêts à assumer. En ce qui concerne l'entretien des vêtements par exemple, il est fréquent que chacun ramène son sac de linge sale à laver le

week-end. L'achat d'un lave-linge aurait en effet des implications importantes : il leur faudrait se mettre d'accord sur une conception unique de la propreté et du rythme de lavage, sur une méthode, sur une répartition des tâches[1]. Il faudrait, en bref, que chacun s'inscrive à une place précise d'une organisation commune bien définie, dans un univers conjugal davantage constitué. Le retour chez les parents et l'offre de services de la mère ont l'avantage de maintenir le nouveau couple à un degré de légèreté ménagère qui préserve la souplesse du rapport interpersonnel et de laisser ainsi l'avenir ouvert.

3. **Pouvoir se retirer.** – Représentée par les acteurs sous l'angle de l'authenticité du lien, la légèreté conjugale a en fait deux fonctions : freiner l'intégration pour permettre que soient progressivement définies par chacun les positions les mieux adaptées, et évaluer la faisabilité de l'accord, donc pouvoir aisément se retirer. La défense des intérêts personnels et la reformulation de l'identité de chacun sont ici centrales. Le couple mène un double jeu dont il n'a guère conscience. Officiellement, il est lié sans arrière-pensées par le sentiment et l'attrait mutuel, dans le bonheur naïf de l'instant présent. Secrètement, parfois inconsciemment, l'un et l'autre s'épient, calculent, évaluent. À mesure que la durée de vie commune s'allonge, l'évidence du lien s'installe, rendant plus difficile le retrait. Pour combattre cette limite à leur capacité inventive et à leur liberté individuelle, les deux partenaires peuvent essayer de prolonger la toute première phase, pendant laquelle ils jouent à vivre ensemble

1. J.-C. Kaufmann, *La trame conjugale. Analyse du couple par son linge,* Paris, Nathan, 1992.

sans le reconnaître ouvertement. S'ils s'établissent dans la vie commune, il suffira de rendre explicite ce qui ne l'était pas jusqu'alors. S'ils jugent que l'accord n'est pas réalisable durablement, le retrait sera facilité par la non-explicitation préalable de l'engagement. Michel Bozon et François Héran ont analysé ce « langage à double entente » à propos de la danse comme première approche. Les débuts de la vie commune peuvent être décrits en des termes très semblables.

« La danse, en tant que rite d'interaction, est un langage à double entente qui laisse planer le doute sur le degré d'investissement réel de l'acteur. Chacun peut profiter de cette introduction reconnue pour investir aussi loin que possible dans la relation ; chacun peut aussi, à l'inverse, rompre la relation entamée en se réfugiant derrière sa définition institutionnelle : ce n'était qu'une danse. Sous sa forme la plus simple, ce dilemme revient d'abord à savoir s'il faut garder le même partenaire d'une danse à l'autre ou en changer. La danse réussit ce tour de force qu'elle peut rapprocher les corps et échauffer les sentiments pour ainsi dire "à l'essai", sans que cela engage à rien : jeu sans enjeu. Ce n'est pas tout d'aborder l'autre, il faut aussi que chacun puisse en cas de besoin se retirer du jeu dans des formes socialement reconnues. On notera que cette faculté de désengagement reste intacte dans le cadre de rassemblements plus intimes que le bal traditionnel, jusque dans les réunions privées : la danse dans ce cadre reste une institution sociale. C'est parce qu'elle fonctionne à la manière d'un libre-service où le visiteur peut toujours se reprendre que la danse est devenue ce qu'elle est aujourd'hui : une forme acceptable d'exploration du marché matrimonial. Pourrait-elle encore remplir cette fonction si l'on devenait "preneur" du seul fait d'être danseur, comme dans ces commerces à l'ancienne où tout client qui entre se sent tenu d'acheter ? »[1]

Par ce langage à double entente, la danse a constitué (et constitue encore) un instrument privilégié du choix du conjoint. Il est remarquable que ce procédé d'exploration du marché matrimonial à moindre coût et d'engagement sans risque s'élargisse actuellement aux premiers temps de la vie commune. Comme le soulignent Michel Bozon et François Héran, cela résulte de l'élaboration de cette pratique en institution sociale largement reconnue. C'est parce que la cohabitation légère est légitimée par les pairs et l'ensemble de la société pour les très jeunes gens (plus ils sont jeunes, moins la rapidité de leur installation est socialement impulsée) qu'il est facile à ces derniers de se retirer et de multiplier les essais. Mais c'est aussi et surtout parce que la reconnaissance sociale (notamment celle des parents) porte sur la double entente de la relation. Comme pour la danse, chacun peut rompre le premier échange conjugal en se réfugiant derrière sa définition institutionnelle : ce n'était qu'un flirt.

1. M. Bozon, F. Héran, La découverte du conjoint, II, *Population,* n° 6, 1987.

Chapitre IV

LE CYCLE CONJUGAL

I. – La force des cycles flous

1. **L'arasement des seuils.** – Quand commence le couple ? Il est désormais difficile de répondre à cette question. Est-ce aux premiers rapports sexuels ? Aux débuts de la cohabitation ? À la mise en place d'un système collectif de gestion du quotidien ? Non seulement il y a affaiblissement des rites de passage d'une situation à une autre dans le cycle de vie mais les seuils sont devenus progressifs et imperceptibles[1], particulièrement en ce qui concerne l'entrée en couple.

Le contraste est saisissant avec ce qui prévalait encore dans la première moitié des années 1960. Certes le mariage était alors précédé d'une période plus ou moins longue de fréquentation des deux futurs conjoints, souvent marquée par le rite intermédiaire des fiançailles. Mais aucune confusion n'était possible : il s'agissait pour tous d'une simple préparation, précédant l'entrée en couple véritable, clairement marquée par le mariage. Ce dernier était l'occasion d'une rupture franche entre deux tranches de la vie : celle de la jeunesse et celle de l'âge adulte. Du jour au lendemain, les nouveaux conjoints changeaient brusquement de rôle domestique et de rôle social. Ils passaient du rôle d'enfants habitant chez leurs parents à

1. L. Roussel, *La famille incertaine,* Paris, Odile Jacob, 1989.

celui d'époux et d'épouse habitant dans leur propre chez-soi, immédiatement inscrits dans un cadre définissant les pratiques d'un ménage « installé », confortés dans cette nouvelle identité par la communauté des proches et des moins proches ayant participé à la cérémonie.

Aujourd'hui, au contraire, les seuils sont mouvants et incertains. Dans le nouveau processus lent de formation du couple, il est devenu malaisé de définir quand ce dernier commence. À ce problème général de définition des seuils, s'ajoute le fait que pour chaque couple pris isolément il est souvent difficile de dire à quel niveau il se situe dans ce processus. La durée de vie commune n'est qu'un indicateur faible : tel couple cohabitant depuis quelques semaines seulement peut avoir franchi à pas accélérés les différentes étapes alors que tel autre peut se révéler être depuis quinze ans un assemblage de deux individualités n'évoluant pas vers davantage d'intégration. Les modalités de la vie conjugale ne renseignent également qu'imparfaitement : tel couple peu organisé peut être en fait à un stade avancé d'intégration mais avoir délibérément accepté de la souplesse, voire de la confusion dans son système domestique alors que tel autre donnant l'apparence matérielle d'être bien établi peut s'avérer mettre en présence deux personnes faiblement engagées dans la relation. Ce dernier cas pose le problème de la solidité ou de la fragilité, de l'éventuelle réversibilité du choix du conjoint. L'incertitude sur le degré de réalité de l'union estompe encore davantage les seuils. Car les étapes non seulement ne sont plus concentrées en un unique temps fort, sont moins marquées et moins visibles, mais de plus sont susceptibles de retours en arrière. Alors que l'intégration ménagère est un processus cumulatif et progressif, l'attachement sentimental entre les deux partenaires est au contraire fluctuant. L'affaiblissement du sentiment peut donc conduire à rompre ce qui avait été mis en place dans le quotidien de la vie commune.

2. **Réhabiliter l'analyse des cycles.** – L'arasement des seuils produit des cycles flous. Puisque les marques signalant les étapes ne peuvent plus guère être repérées, que les changements de partenaires brouillent encore plus la perception, l'idée de la complexité du monde moderne, de la diversité multiple des situations, incite à renoncer à l'ambition consistant à mettre en évidence un cycle conjugal. Cette position rompt avec une petite tradition de recherche, mettant notamment en rapport budget du ménage et cycle de vie. Maurice Halbwachs[1] ou Paul-Henry Chombart de Lauwe[2], à des périodes historiques différentes, ont observé ce croisement dans les milieux ouvriers. Plus près de nous, Paul Cuturello et Francis Godard[3] ont étudié et situé dans le cycle de vie une conjoncture de mobilisation des familles : l'accession à la propriété.

Aujourd'hui, la place des acteurs dans le cycle de vie semble ne plus être opératoire. C'est effectivement le cas sur le plan statistique : la définition d'une situation domestique ou dans un groupe d'âge sont des variables plus fiables qu'une position peu perceptible dans un cycle flou. Cette limite au niveau statistique ne doit cependant pas être généralisée : elle tient à l'instrument d'analyse et seulement à celui-ci. Le

1. M. Halbwachs, *La classe ouvrière et les niveaux de vie,* Paris, Alcan, 1913.
2. P.-H. Chombart de Lauwe, *La vie quotidienne des familles ouvrières,* Paris, Éd. CNRS, 1966.
3. P. Cuturello, F. Godard, *Familles mobilisées,* Paris, Plan Construction, 1982.

paradoxe des cycles flous est en effet d'être beaucoup plus prégnants et explicatifs d'un certain nombre de comportements quoique moins repérables. Il importe donc de ne pas se laisser arrêter par cette difficulté de perception due à l'arasement des seuils, mais au contraire d'approfondir l'analyse. Pour ce faire, il est nécessaire de distinguer cycle de vie et cycle conjugal.

II. – Le cycle de vie

Le cycle de vie est scandé par les cadres de socialisation particuliers aux divers âges de l'existence : enfance, jeunesse, maturité, vieillesse. Leur suite pouvait être analysée jusqu'au XIXe siècle comme une évolution régulière : montée vers l'état adulte puis descente vers la vieillesse. La jeunesse était essentiellement définie négativement comme une situation transitoire entre deux âges : l'individu n'était plus véritablement enfant mais pas encore vraiment adulte. Il est probable, comme le soutient Olivier Galland[1], que c'est l'école secondaire qui introduisit une subdivision nouvelle : l'adolescence comme cadre de socialisation spécifique. L'histoire du XXe siècle est ensuite celle du renforcement continu de ce « nouvel âge de la vie ». Dès lors le cycle de vie perd son caractère d'évolution régulière. Car la jeunesse ne s'inscrit pas comme une simple étape dans la montée vers l'âge adulte et elle ne se limite pas à être plus marquée qu'autrefois. Ce qui la définit principalement en effet est de se situer en rupture avec ce qui l'a précédée (l'enfance) et ce qui va suivre (l'âge adulte). La jeunesse est non seulement plus visible mais elle est devenue un moment très par-

1. O. Galland, *Sociologie de la jeunesse. L'entrée dans la vie*, Paris, Armand Colin, 1991.

ticulier du cycle de vie, centré autour de la construction de l'autonomie individuelle[1].

La caractéristique majeure, incontestablement liée à l'allongement du temps des études, est qu'elle constitue désormais une période moratoire[2], que la socialité et les valeurs propres à la jeunesse se structurent en reportant dans le temps les engagements dans l'âge adulte. Tamara Rapoport et Sharon J. Barnett remarquent que le cycle de vie peut désormais être analysé comme un processus dans lequel les ressources sont converties en rôles[3]. Cette conversion, lente et délicate, s'opère essentiellement dans le temps particulier de la jeunesse. Olivier Galland analyse une première raison de la lenteur du processus : l'inflation et la dévaluation des diplômes[4]. Alors que les attentes de réussite sociale liées à l'obtention de diplômes ne cessent de croître, l'incidence en mobilité sociale de ces derniers diminue à mesure que leur nombre augmente. Ce décalage produit une inadéquation entre ambitions et postes proposés. La période moratoire permet d'ajuster progressivement les prétentions au niveau possible d'insertion. Elle permet également de tester les compétences potentielles en expérimentant divers emplois, de juger ce pour quoi on est le mieux fait. Au terme de ces essais, un rôle professionnel se dessine.

La conversion des ressources en rôles ne se limite pas au domaine professionnel : le temps de la jeunesse est aussi celui des essais conjugaux et du report des engagements familiaux. Ce report, surtout pour les

1. V. Cicchelli, *La construction de l'autonomie,* Paris, PUF, 2001.
2. E. H. Erikson (ed.), *Identity, Youth and crisis,* New York, Norton, 1968.
3. T. Rapoport, S. J. Barnett, Youth conception of life-cycle stages, *Human Relations,* vol. 39, n° 9, 1986.
4. Galland, *op. cit.,* p. 148-152.

femmes[1], a une première justification : concentrer son temps et ses efforts sur la réussite professionnelle. Mais il est également lié à la définition lente de l'insertion domestique. La personnalité telle qu'elle se constitue à l'âge de la jeunesse, prise dans un cadre de socialisation particulier, ne permet guère de savoir quelles seront les attentes dans le couple établi. Il convient donc de progresser à petits pas, de tester le partenaire, la structuration ménagère, le système de valeurs mis en place par la relation naissante, la faisabilité de l'union. Il convient de tester enfin sa propre personnalité reformulée par les débuts de la vie de couple. Le nouveau soi qui change imperceptiblement chaque jour dans la dynamique de la relation évoluerait dans une direction différente dans le cadre d'une interaction avec une autre personne. Il s'agit non seulement de décider si nous sommes faits pour telle union mais si cette union nous fait tels que nous souhaitons être.

Le temps de la jeunesse n'est donc pas seulement celui d'une conversion des ressources en rôles : il est aussi l'occasion de décisions majeures dans la reformulation identitaire. La rupture avec les autres âges de la vie est sur ce point cruciale ; le report des engagements, l'incertitude des rôles, la fluidité et le caractère provisoire des cadres de socialisation, permettent plus que jamais d'intervenir soi-même dans la définition de son avenir, de sa propre identité. Ce n'est pas un hasard si les valeurs attachées à la jeunesse ont acquis aujourd'hui des positions dominantes dans bien des domaines, stigmatisant l'âge des rôles établis et

1. F. de Singly, *Fortune et infortune de la femme mariée,* Paris, PUF, 1987 ; J.-C. Kaufmann, *La Femme seule et le Prince charmant,* Paris, Nathan, 1999.

encore plus la vieillesse. Car elle concentre l'essentiel des procédures par lesquelles la société dans son ensemble, en s'inventant quelque peu, se reproduit de façon différente.

III. – De la première rencontre au confort conjugal

1. **Le temps des découvertes.** – Cycle de vie et cycle conjugal ne sont pas deux phénomènes indépendants, notamment parce que le cycle conjugal s'inscrit dans le cycle de vie et commence souvent à la jeunesse. Tous deux sont également caractérisés par la définition progressive de normes et de rôles. Il ne faut cependant pas se laisser emporter trop loin par les similitudes : le cycle conjugal a sa structure propre.

Le premier temps du cycle conjugal est celui des incertitudes et des découvertes nappées dans le sentiment. Le couple naissant est comme hors du temps (il vit dans le présent d'une histoire sans passé et sans futur) et hors d'un espace qui lui soit propre (le chez-soi sera constitué ensuite, progressivement) : l'essentiel est investi dans la relation qui unit les deux personnes. La faiblesse des cadres de socialisation exclusivement liés au jeune couple (l'ouverture sur le groupe d'amis reste forte), la place centrale prise par le relationnel et l'angoisse liée aux reformulations identitaires expliquent que ce premier temps du cycle soit immanquablement celui des émotions et du sentiment. Non que l'Amour tel qu'il se raconte dans les histoires soit toujours au rendez-vous. Mais le corps et les pensées ne peuvent pas ne pas être profondément affectés par ce qui n'est rien d'autre qu'un profond bouleversement de soi.

L'analyse des premières rencontres permet de mieux cerner ce contexte émotionnel. La rencontre entre deux personnes est une activité des plus banales, qui ne cesse de se produire quotidiennement. La fonction principale de ces rencontres ordinaires est généralement de conforter chacun dans son identité : l'un et l'autre se reconnaissent et échangent des gestes et des paroles qui sont autant de marques de légitimation de la personne qui est en face de soi tel qu'un passé d'interconnaissance permet de l'appréhender. La rencontre ordinaire, par la dynamique d'interaction dans laquelle elle se place, tend donc avant tout à reproduire les codes extérieurs de définition de l'identité, elle alourdit le passé hérité qui fait que l'on est ce que l'on est. Cette logique dominante explique que la rencontre ne soit pas explosivement déstructurante du lien social, elle nous protège des ondes de choc qui nous cernent quotidiennement. Parmi les personnes que nous rencontrons, nombreuses sont celles en effet qui sont susceptibles de redéfinir notre futur. Les unes sur un plan professionnel, d'autres sur celui des idées, d'un engagement militant, d'une activité de loisir, d'autres enfin sur notre avenir conjugal. Il suffit pour cela de sortir de la définition répétitive de soi par le passé incorporé et de laisser ouverte la possibilité d'une identification nouvelle, d'un avenir différent. Ce retournement, qui exige de se soustraire au poids normatif de l'interaction, de rompre avec la logique dominante de la rencontre, n'est possible que par une révolution personnelle de la représentation de soi : nous pouvons devenir autre parce que nous acceptons de nous rêver autre dans la tourmente de l'aventure relationnelle. Le rôle central de l'imaginaire de soi est cependant peu perceptible dans la rencontre qui change la vie, le bouleversement intérieur étant généralement ressenti comme un effet du choc provoqué, de l'extérieur, par la surprise de l'interaction. Les émotions sont donc logiquement reliées à la personne rencontrée plus qu'à la perte des repères anciens, aux incertitudes soudaines, aux questions existentielles sur le présent et l'avenir. Ces émotions auxquelles sont données un visage fournissent idéalement la matière pour s'inventer une histoire d'amour qui permet de donner sens aux événements, de canaliser le chambardement intérieur. Histoire d'amour qui dès lors qu'elle est mise en forme impulse à son tour le développement du sentiment qui accompagne et facilite la reformulation des repères de l'existence.

Le temps des découvertes est celui de la rencontre qui change la vie. Apparemment découverte de l'autre. En fait beaucoup plus fondamentalement découverte d'un avenir possible et d'une identité différente.

2. **Le temps de l'ambiguïté.** – La suite du cycle conjugal apparaît entièrement occupée par la dynamique de la relation. L'histoire de soi s'écrit désormais à deux, dans ce qui semble être une improvisation quotidienne, l'un et l'autre se sentant emportés ensemble vers un avenir ouvert, entraînés par l'attachement mutuel qui domine toute autre considération. C'est l'époque où, surtout dans la jeunesse, fusent les moqueries stigmatisant les couples établis prisonniers de leurs petites habitudes, incapables de vivre avec intensité le rapport de personne à personne. Moqueries indispensables pour se rassurer. Car le contexte, profondément contradictoire, rend en fait difficile une représentation claire de la situation conjugale. Le début de la vie de couple à la jeunesse propulse en effet les deux partenaires dans un mécanisme de transition vers

l'âge adulte, une accélération des étapes du cycle de vie. Le primat de la relation de personne à personne permet de continuer à vivre (désormais à deux) les valeurs de la jeunesse (report des engagements, refus des cadres hérités et autodéfinition de soi). D'où les tentatives pour privilégier autant que faire se peut le rapport interindividuel pur, avec toutes les illusions que cela comporte[1], pour repousser à plus tard la définition de règles et une installation du couple. Pourtant, dès les premiers échanges, cette définition et cette installation se sont mises en marche. La seule possibilité est de freiner l'évolution, non de la stopper. Ceci explique l'ambiguïté du deuxième temps du cycle conjugal qui, si elle est particulièrement forte à la jeunesse, se remarque également dans des couples se formant à un âge plus avancé. Les deux partenaires cherchent à vivre avant tout la relation de personne à personne, l'aventure de la redéfinition mutuelle des identités, idéalement sous la forme d'une histoire d'amour. Ils sont d'autant plus justifiés à viser cet objectif que la prérogative donnée à la relation, y compris dans la représentation de ce qui se vit, y compris dans la critique des couples installés, permet justement de freiner l'établissement conjugal. Mais en même temps, quels que puissent être les désirs des conjoints, un processus contraire tend, jour après jour, à enfermer davantage la relation dans des règles d'échange.

Ce processus commence dès la première rencontre, celle qui pourtant provoque un bouleversement des repères de l'identité. L'autre est un étranger étrangement familier, rapidement reconnu comme un intime potentiel. Cette contradiction est à la base de

1. F. de Singly, K. Chaland, Quel modèle pour la vie à deux dans les sociétés modernes avancées ?, *Comprendre*, n° 2, 2001.

l'ouverture de l'avenir, de l'intensité de la reformulation identitaire (la sensation d'intimité pousse à ne pas prendre en considération les différences du partenaire)[1]. Elle est également des plus inconfortables : l'incertitude sur la définition d'une interaction est insoutenable au-delà d'une certaine limite. Peter Berger et Thomas Luckmann[2] analysent comment toute personne en situation de relation sociale (surtout si cette relation n'a pas été socialement cadrée par des expériences antérieures) est conduite à « typifier » son vi-sà-vis, c'est-à-dire à le classer dans une catégorie définissant ses attentes, son comportement, son langage, pour s'adapter à lui. L'autre fait de même et les deux protagonistes règlent l'interaction à partir de la connaissance rapidement accumulée de qui est l'autre, de ce qui doit être dit et de la manière de le dire. Cette « typification réciproque » est à l'œuvre dans la rencontre amoureuse comme dans toute relation sociale. Un mode d'échange est mis en place, des attitudes sont codifiées et tendent aussitôt à fonctionner comme repères pour l'avenir. La « pure » relation est donc structurée par des règles qui ne cessent de se perfectionner à mesure que l'expérience s'accumule. Le poids de cette réglementation de la vie à deux qui s'ébauche s'alourdit considérablement au contact de divers objets. Le couple commence dans la légèreté matérielle et ménagère. Mais ce souci de légèreté ne peut parvenir à éliminer tous les objets et les manières de faire qui s'y rapportent. Or ces manières sont profondément différentes d'un individu à l'autre. Cela ne pose guère problème tant que la relation se déroule

1. R. Weiss, *Marital separation,* New York, Basic Books, 1975.
2. P. Berger, T. Luckmann, *La construction sociale de la réalité,* Paris, Masson/Armand Colin, 1996.

dans un espace public (par exemple prendre un verre au café). Les rapports amoureux ne peuvent toutefois se satisfaire de ce seul espace. Ils sont porteurs d'une logique d'intimité qui pousse à se retrouver dans des niches de familiarité. C'est lorsque le pas du logement de l'un ou de l'autre est franchi que le processus de réglementation conjugale commence vraiment. Prendre un verre dans l'intimité n'a plus les mêmes répercussions qu'au café. Le verre peut être jugé maniaquement propre ou au contraire désagréablement sale, la façon de servir parcimonieuse. L'invité(e) peut oser une critique gentiment ironique ou se taire et déjà préparer des concessions ultérieures. Il (elle) peut se laisser servir ou tenter de participer au travail, esquissant ainsi un schéma pour des rôles ménagers futurs. Il (elle) peut se resservir soi-même, critiquant implicitement la mesquinerie suspectée, laver les verres avec force ostentation, indiquant sans le dire une position sur la propreté ménagère, etc. Le moindre geste lié à l'espace intime ou aux objets familiers est porteur d'une infinité de microdécisions à prendre, qui inscrivent imperceptiblement les deux nouveaux conjoints dans un contexte domestique fixant peu à peu le cadre de la relation.

Le deuxième temps du cycle conjugal est ambigu parce que les partenaires n'ont pas conscience du processus d'installation conjugale. Ils n'ont pas conscience que les événements de la vie commune vécus dans l'apparente libre inventivité de la relation naissante dessinent en fait les premiers traits d'un cadre enfermant l'avenir.

3. **Le temps du confort.** – Geste après geste, microdécision après microdécision, l'histoire du couple est celle de la définition progressive de deux rôles domes-

tiques, de plus en plus clairs, de plus en plus stables. Dans les étapes précédentes, chacun des deux partenaires a cherché à se sentir en accord avec lui-même dans le moi conjugal en formation. Ce faisant, des règles d'interaction, des systèmes d'habitudes ont été élaborés, aussi près que possible des comportements hérités et des attentes de l'un et de l'autre : la production de cadres pour les pratiques futures a épousé, dans la mesure du possible, les frontières des identités antérieurement acquises. Dans le troisième temps du couple, le processus se renverse. Les rôles sont devenus en effet si bien dessinés, le contexte domestique a pris un tel poids, que les individus n'ont plus qu'à se laisser porter : après avoir défini le cadre de pratiques du monde domestique, ils sont définis par ce cadre de pratiques. Cette étape conjugale se rapproche donc de la situation d'autrefois, quand le couple commençait par le mariage, sans véritable recherche de définition identitaire mutuelle[1].

C'est le temps du confort. Du confort ménager bien sûr, parce que objets et appareils divers se sont accumulés dans l'univers intime. Mais surtout du confort identitaire, parce que l'on sait désormais qui l'on est, ce que l'on peut attendre et de quoi devrait être fait l'avenir.

Le prix à payer est celui de la perte de la liberté inventive de soi qui était celle des débuts du couple : sécurité contre liberté. L'autre grand changement par rapport aux débuts est la métamorphose du senti-

1. Le temps du confort ressemble à la structure conjugale traditionnelle, avec cependant deux différences. *Primo :* des négociations ponctuelles continuent à redéfinir les règles d'interaction, les rôles ne sont pas aussi rigides qu'autrefois. *Secundo :* la réification peut produire de l'insatisfaction et déboucher sur la rupture du couple.

ment. Qui est trop souvent analysée comme un simple désenchantement, un dessèchement de l'amour. Une telle analyse n'est plus possible dès lors que l'on considère que l'amour est une réalité extraordinairement variable suivant les contextes de son expression, notamment les étapes du cycle conjugal. Le coup de foudre est lié avec précision au moment initial du choix. Les émotions fortes et la passion sont liées au bouleversement des repères de l'identité, période sensible où, comme l'écrit Boris Cyrulnik, « l'organisme devient particulièrement apte à incorporer l'autre, en en prenant l'empreinte »[1], empreinte qui crée le lien. Le temps du confort ouvre une perspective différente pour le sentiment. La stabilité du cadre de l'existence permet même d'en faire l'économie, de se laisser conduire par les seules routines du quotidien, voire de tolérer des sentiments négatifs[2]. Généralement toutefois, la familiarité de l'organisation domestique et l'intimité des interactions créent un attachement mutuel, diffusant de la bienveillance, du dévouement, de la tendresse, un amour paisible produit par l'attachement et qui renforce l'attachement. Plus rarement, un désir de surprises et de passion se maintient dans le couple établi, surtout à certains moments de rupture des rythmes habituels (vacances, voyage). Tout est possible dans le temps du confort parce que le sentiment, auparavant fondateur du lien, est devenu une option libre, une cerise sur le gâteau conjugal.

4. **Le quiproquo conjugal.** – La question se pose de savoir pourquoi les partenaires conjugaux acceptent si

1. B. Cyrulnik, *Sous le signe du lien,* Paris, Hachette, 1989.
2. Voir un exemple de couple uni par la haine mais ne pouvant parvenir à se séparer, celui d'André et Simone, *in* J.-C. Kaufmann, *La vie ordinaire,* Paris, Greco, 1989.

facilement de se laisser enfermer dans des rôles et de se contenter le plus souvent d'un petit surplus de sentiment tranquille. Le poids des habitudes et l'attrait du confort évidemment. Cette réponse est toutefois insuffisante. L'entrée de plain-pied dans le troisième temps du cycle conjugal est liée également à un autre phénomène : la découverte du quiproquo conjugal. La passion des débuts qui crée l'attachement est fondée sur une contradiction. Elle nie ce que la société contemporaine développe centralement : l'injonction à être soi, à construire son individualité et à agir selon ses pensées personnelles. Or l'amour fondateur du lien conjugal est une dénégation de ce je, au nom du tu et du nous. Le don de soi est d'autant plus facile qu'il est provisoire et que l'univers conjugal n'est pas encore constitué. À mesure que les deux sphères de pratiques se désindividualisent et que l'univers domestique s'alourdit, il devient au contraire onéreux : si l'on est vraiment amoureux, pourquoi alors refuser de faire la vaisselle en retard ou de nettoyer les w.-c. ? Le sentiment trouve ses limites dans la mesquinerie ménagère. Par ailleurs il s'inscrit dans une logique dont l'aboutissement serait une existence totalement fusionnelle. L'idéal fusionnel structure les débuts de la relation : dans le regard où l'on se noie, dans les rapports sexuels, dans l'échange intersubjectif et amoureux, chacun cherche intuitivement à avancer dans le sens de l'équation improbable : 1 + 1 = 1. Puis les passagers de cet étrange voyage perçoivent les indices leur signalant qu'ils sont toujours séparés. Plus l'élan des débuts s'affaiblit, plus les indices apparaissent et plus les indices apparaissent, plus l'élan se ralentit : 1 + 1 = 2. Les deux partenaires commencent à marquer des seuils à ne pas dépasser, à construire et défendre des espaces personnels, à s'échapper dans des pensées intimes, des projets propres : l'individu refait surface. Il est désormais condamné à se partager sans cesse entre moments plus individuels et moments plus conjugaux[1]. Dans les cas les plus extrêmes, qui ont cependant tendance à se développer aujourd'hui, la logique fusionnelle se transforme même en véritable logique fissionnelle[2].

La réémergence de l'individu est peu compatible avec un sentiment trop passionné dans le couple établi. Ce qui n'est pas obligatoirement vécu négativement : le couple inaugure un nouveau mode d'échanges. Les rôles tels qu'ils sont alors constitués permettent de structurer un fonctionnement à double niveau. De façon explicite, l'individu officiel n'est pas avare d'efforts, d'idées, de sentiments, pour soutenir le moi conjugal. Sur un mode plus secret, il installe ses niches personnelles à l'intérieur de l'univers domestique institutionnalisé et recompose ses réseaux de relations, s'investit dans son travail[3]. En d'autres termes : il prend une distance avec les rôles tout en les vivant par ailleurs réellement et sincèrement. Ce double jeu permet de résoudre le quiproquo. Mais il se paye au prix d'une rigidification des rôles et d'une limite mise au sentiment.

1. F. de Singly, *Libres ensemble,* Paris, Nathan, 2000.

2. S. Chaumier, *La déliaison amoureuse,* Paris, Armand Colin, 1999.

3. D'autant plus facilement que la fusion conjugale n'est généralement pas aussi importante que les acteurs et l'opinion publique se la représentent. Diane Brown et Lawrence Gary en donnent une bonne illustration (à partir d'une enquête portant sur la communauté noire) en signalant que pour seulement un tiers des femmes leur mari fait partie des trois personnes qui leur sont les plus proches. D. R. Brown, L. E. Gary, Social support network differentials among married and nonmarried black females, *Psychology of Women Quarterly,* n° 9, 1985.

5. **Passion ou confort ?** – Le système de double jeu renforce généralement le couple en lui permettant de gérer les contradictions du temps du confort. C'est toutefois le même système qui est parfois à l'origine de l'éclatement conjugal. Pour une raison simple qu'il n'est pas besoin d'exposer longuement : dans les pensées secrètes un autre personnage peut faire son apparition. L'idée d'une passion nouvelle est alors mise en balance avec le confort acquis.

Le cycle conjugal tel qu'il a été défini en trois temps doit être considéré comme un segment dans la biographie d'un individu, ne recouvrant pas obligatoirement, et ceci de moins en moins, l'ensemble du cycle de vie. L'inscription dans des rôles stabilisés n'est pas un aboutissement inéluctable : chacun peut choisir de rompre un couple établi pour vivre seul ou recommencer un nouveau cycle conjugal. Les causes profondes conduisant à la rupture sont à rechercher dans le processus historique d'individuation de la société : l'autonomisation progressive des individus les incline à regarder de façon critique leur présent et à se satisfaire moins facilement des situations acquises. Les causes immédiates sont à rechercher dans le fonctionnement conjugal. À l'issue d'une enquête menée auprès de 600 couples séparés en Italie[1], Donata Francescato met en évidence deux éléments distincts : les difficultés d'ajustement liées aux différences entre conjoints et l'insatisfaction liée à la routinisation de l'existence et à l'affaiblissement du sentiment. Les deux types de dysfonctionnement se manifestent par une gestion du quotidien devenue pesante et conflictuelle. Les deux se résolvent souvent par une nouvelle passion extraconju-

1. D. Francescato, *Quando l'amore finisce,* Bologna, Il Mulino, 1992.

gale qui déclenche la séparation. Pourtant à l'origine, les motifs de la discorde renvoient à deux ordres de problèmes bien circonscrits (même si l'un et l'autre se renforcent mutuellement). Le premier se rapporte au fait que le travail de construction conjugale est plus ou moins difficile selon le passé et l'histoire des partenaires mis en présence, que certaines associations d'individus sont davantage problématiques. Le second se rapporte à l'incompréhension et à la désillusion provoquées par le déroulement du cycle conjugal. La routinisation de l'existence fait ressortir l'incapacité nouvelle d'inventivité et de surprise, d'ouverture de l'avenir comme dans les débuts du couple. Constat qui se croise avec la perception d'une communication moins riche, surtout ressentie par les femmes[1], un sentiment devenu simple attachement tranquille et parfois un désir physique émoussé[2]. Les femmes, qui, dès le début de la relation, étaient davantage en attente de chaleur émotionnelle et de communication intime sont surtout déçues par la perte de ce qu'autorisait le sentiment initial[3]. Les hommes, qui, dès le début de la relation, étaient davantage intéressés par la sexualité, sont surtout déçus par l'affaiblissement de l'attrait physique de leur partenaire[4].

1. Moins exigeants en communication intime, les hommes se satisfont plus facilement du sentiment conféré par des aides pratiques réciproques, le simple partage d'activités communes... et de relations sexuelles (L. B. Rubin, *Intimate Strangers, Men and Women together,* New York, Harper & Row, 1984).

2. Dans l'enquête de Donata Francescato, 41 % des personnes interrogées déclarent avoir été déçues par l'évolution de la sexualité intraconjugale, marquée par la ritualisation et l'ennui, et avoir en conséquence cherché ailleurs « la passion et la joie » (*op. cit.,* p. 63).

3. L. B. Rubin, *op. cit.*

4. L. Margolin, L. White, The continuing role of physical attractiveness in marriage, *Journal of Marriage and the Family,* n° 49, 1987.

La dernière étape du cycle conjugal pose le problème de la gestion de l'éventuel manque communicationnel, sentimental, émotionnel et sexuel. Une première réponse consiste à tenter de refuser le confort des habitudes, à continuer à travailler la relation conjugale[1]. Ceci est rendu difficile parce que le temps du confort est celui où l'individu se repose sur le couple et que rompre les cadres institués lui demande un positionnement inverse. La réanimation conjugale porte donc le plus souvent sur des aspects partiels, ou des moments particuliers, par exemple les vacances. Une seconde réponse consiste à jouer le double jeu paradoxalement dans le sens du renforcement du couple : en communiquant ailleurs, en rêvant ailleurs, mais pour compenser et pour diminuer l'insatisfaction conjugale. Une troisième réponse consiste à jouer le double jeu sous l'emprise de cette insatisfaction, en quête de nouveaux repères d'identification. Le couple établi est alors à la merci d'une émotion passagère, d'une corporéité imaginée ou entrevue qui donne flamme au sentiment. Dans certaines situations l'ayant prédisposé à vivre ce qu'il va vivre, un seul regard peut propulser l'individu dans un nouveau cycle conjugal l'amenant à rompre des cadres de socialisation qui semblaient peu avant indestructibles.

IV. – Jalons d'étapes

Définir trois temps du cycle conjugal et signaler quelques jalons marquant les premières étapes doit bien être compris comme un exercice pour rendre intelligible une réalité sociale qui dans le concret se

1. P. Brenot, *Inventer le couple,* Paris, Odile Jacob, 2001.

révèle touffue et complexe : chaque histoire de couple est toujours une histoire particulière, une adaptation qui s'écarte, plus ou moins et d'une façon spécifique, de la moyenne observable et des modèles trop parfaits.

1. **La sexualité fondatrice.** – L'entrée en couple est désormais marquée par les rapports sexuels qui sur ce point ont remplacé le mariage. La modification des mœurs a été profonde depuis trente ans. Dans les années 1960, les rapports sexuels avaient lieu soit au mariage soit peu avant (après que la décision de se marier ait été prise). Depuis, une double évolution s'est produite : le mariage a perdu son importance comme mode d'entrée en couple alors que les rapports sexuels en sont devenus une des premières étapes obligées. « Ce renversement donne un rôle fondateur aux premiers rapports sexuels, mais c'est un rôle fondateur faible ; la sexualité précoce indique le début de la relation plutôt que le début du couple. »[1] Michel Bozon analyse le paradoxe suivant lequel la précocité sexuelle précipite la formation du lien tout en ralentissant la constitution du couple. L'explication de ce paradoxe tient dans le développement d'un « individualisme sexuel » sans idée d'un prolongement conjugal probable. La sexualité, comme la danse, présente désormais un langage à double entente (jeu sans enjeu ou débuts d'un couple : l'ambiguïté est la règle) compris et impulsé par l'ensemble de la société. Plus les partenaires sont jeunes, plus les proches et notamment les parents ont tendance à considérer que ce n'est qu'un

1. M. Bozon, La nouvelle place de la sexualité dans la constitution du couple, *Sciences sociales et santé,* vol. IX, n° 4, 1991. Voir aussi M. Bozon, *Sociologie de la sexualité,* Paris, Nathan, 2002.

jeu et qu'il n'est pas temps de s'engager sérieusement. Le deuxième temps du cycle conjugal s'inaugure lorsque la relation perdure et surtout lorsqu'elle débouche sur un début de cohabitation. C'est parce qu'il y a séparation entre début de la relation et entrée du couple dans un logement commun que le premier temps du cycle est si libre et si volatile. Les fragments de vie à deux sous le toit des parents ne remettent pas vraiment en cause cette volatilité. Car l'établissement conjugal est lié avant tout à la mise au point d'un système domestique autonome. Phénomène nouveau, le départ plus tardif du foyer familial[1] a été analysé en rapport avec la montée du chômage et l'allongement des études. Il convient toutefois d'ajouter qu'il est cohérent avec le nouveau mode d'entrée progressive en couple, marqué par une séparation entre sexualité (l'âge aux premiers rapports est de dix-sept ans pour les hommes et dix-huit ans pour les femmes) et corésidence.

2. **Le premier matin décisif.** – Le matin qui suit une première nuit d'amour est généralement vécu comme un moment anodin, au point de ne laisser que peu de traces dans la mémoire. Il apparaît cependant important de s'y intéresser d'un point de vue scientifique, pour deux raisons. D'abord parce l'étude du sentiment amoureux est rendue très problématique actuellement, à cause de la normativité du discours, dominé par un modèle de récit idéalisé. La seule façon de contourner cet obstacle est de contextualiser les enquêtes avec une grande rigueur, pour recueillir des données précises. Fixer la focale d'observation sur le

1. G. Desplanques, M. de Saboulin, Les familles d'aujourd'hui, *Données sociales,* Paris, INSEE, 1990.

moment très particulier du premier matin est donc une façon de contextualiser[1]. Par ailleurs, ce choix n'a pas été opéré au hasard. Car contrairement à la représentation des acteurs, le premier matin joue désormais un rôle décisif dans la constitution des couples.

Il se situe de façon différente selon le modèle de la trajectoire amoureuse, trajectoires qui ont été spécifiées en différents types par Michel Bozon[2]. Une trajectoire classique consiste à ne s'engager que très progressivement (avec peu de partenaires au cours de la vie), en suivant des étapes, les rapports sexuels ne devant intervenir qu'après que les sentiments aient été mutuellement et clairement exprimés. La nuit est alors perçue comme une confirmation de l'engagement en même temps qu'un test. Chacun est en effet convaincu que le couple est dorénavant fondé sur une intimité partagée, dont les relations sexuelles sont à la fois le centre et le symbole. Le matin sonne alors comme l'heure du bilan. Sans qu'il y ait jamais une analyse froide des gestes, des postures, des émotions ressenties : la satisfaction globale suffit à créer le bonheur du matin, qui lui-même scelle l'engagement dans la vie conjugale.

Ce type de trajectoire classique tend toutefois aujourd'hui à devenir minoritaire. Des cheminements beaucoup plus complexes et diversifiés se développent, notamment autour de l'articulation sentiment-sexualité. La raison profonde de cette évolution est dans la montée du sujet moderne, autonome et réflexif, cherchant à maîtriser tous les aspects de sa vie

1. J.-C. Kaufmann, *Premier matin, comment naît une histoire d'amour,* Paris, Armand Colin, 2002.

2. M. Bozon, Orientations intimes et construction de soi. Pluralité et divergences dans les expressions de la sexualité, *Sociétés contemporaines,* n° 41-42, 2001.

quotidienne. La trajectoire classique reposait soit sur des soutiens institutionnels (notamment la famille), soit sur une représentation abstraite et inquestionnable du sentiment amoureux. L'exigence nouvelle est au contraire de définir soi-même son avenir et de valider l'authenticité du sentiment (ne plus être amoureux de l'amour mais d'une personne bien concrète). Il en résulte une grande difficulté à sortir de son univers pour aller vers l'autre dans les premiers temps de l'expérience amoureuse : l'encadrement institutionnel est rejeté, et le sentiment ne parvient que rarement à entraîner à lui seul. Des déclencheurs, fournis par le contexte des rencontres, sont devenus nécessaires. Beaucoup de couples aujourd'hui initient par exemple leur rapprochement à l'occasion d'une fête entre amis. Il faut pouvoir « se lâcher » un peu pour parvenir à s'abandonner, à fendre l'amure du contrôle de soi. Le désir sexuel intervient alors comme une sorte d'énergie devenue incontournable, pour être entraîné hors de soi. Dans notre société, la sexualité est devenue fondatrice du couple.

Rien ne dit cependant s'il s'agira d'une histoire courte (voire strictement réduite au sexe) ou d'un engagement plus durable. C'est ici que le premier matin intervient dans son nouveau rôle décisionnel. La retombée dans la vie ordinaire (la sortie du lit, la toilette, le petit-déjeuner), déclenche en effet toute une gamme de microsensations qui incitent ou non à prolonger l'expérience. Désirs, enchantements, rires, angoisses, malaises, agacements, voire dégoûts, se mêlent de façon contradictoire avant de déboucher sur une décision. Si l'issue est heureuse, la forme du futur couple aura été marquée en profondeur par ces tout premiers instants d'ajustement mutuel. C'est pourquoi on peut résumer les nouvelles trajectoires amoureuses-conjugales par ce double constat : la sexualité est désormais fondatrice, et le premier matin décisif.

3. **Brosse à dents et lave-linge.** – Le passage dans le temps véritablement conjugal s'opère lorsque les premiers objets personnels sont installés chez le partenaire, à partir de celui qui est souvent le premier d'entre eux : la brosse à dents. Les objets ne sont pas choses inertes et sans vie. Ils renferment une part de nous-mêmes, résultat d'un passé d'interaction avec eux, qui les détache de l'anonymat et les constitue en objets familiers. Les objets et les manières de les manipuler installent donc chez le partenaire une part de soi. Très peu de choses pour chaque objet pris séparément. Mais un couple qui commence à vivre ensemble est un instrument d'accumulation quotidienne d'objets, d'habitudes, de nouvelles références communes. Les deux individualités qui se structurent dans les espaces et densifient l'univers domestique augmentent d'autant et concrétisent le passé de la relation engageant l'avenir : il devient jour après jour plus difficile de se retirer. C'est encore possible au « stade brosse à dents », qui se caractérise par une accumulation d'objets restant pour l'essentiel personnels et individualisés[1]. Les meubles et appareils d'usage commun (lit, table, chaise, réfrigérateur, gazinière, chaîne hi-fi) restent vaguement propriété de l'un ou de l'autre et induisent peu d'effets de collectivisation du système domestique. L'acquisition du lave-linge provoque au contraire une accélération et un renforcement de cette collectivisation. Le linge dont on s'occupait jusque-là

1. S. Chalvon-Demersay, *Concubin concubine,* Paris, Le Seuil, 1983.

soi-même où qui était ramené chez sa mère le week-end est mélangé et traité pour la première fois conjugalement. De nombreuses décisions doivent alors être prises : Qui doit faire quoi, selon quels procédés et quel rythme, selon quels critères de propreté ? Tout un monde nouveau structurant les gestes élémentaires doit être mis en place dans une période relativement brève : les deux individus sont désormais inscrits dans un ensemble qui les entraîne par sa logique intrinsèque, logique d'accumulation de règles d'interaction toujours plus serrées, débouchant sur les rôles constitués du temps du confort.

4. **Le mariage et les enfants.** – Dans le modèle évolutif de constitution du couple, un renversement de l'opinion par rapport au mariage (dans un sens favorable à ce dernier) s'opère lorsque le système domestique et les rôles sont stabilisés. Le mariage devient ainsi une sanction de l'aboutissement du cycle conjugal : en l'espace de trente ans, sa place dans le cycle a donc complètement changé.

Le couple commence désormais à petits pas, dans la légèreté insouciante du moment présent. L'important est d'être libre, de respirer la vie à pleins poumons, de prolonger et de prolonger encore la jeunesse. L'angoisse est de s'enfermer trop vite dans l'existence installée, de limiter l'horizon, de rater d'autres bonheurs possibles. Elle est aussi de se tromper dans le choix de partenaire. Car l'amour ne décoche pas toujours sa flèche avec une netteté infaillible. Chacun hésite donc à trop s'engager, et prend garde à ne pas se laisser saisir tout entier quand une histoire commence. Peu de projets, de mariages ou d'enfants dans les premiers temps : les engagements sérieux sont repoussés à plus tard.

Le changement est radical, en l'espace d'une seule génération. Le couple commençait autrefois par le mariage, qui scellait le destin dès le début de la vie à deux. Il était une institution, incontournable et fondatrice ; il est devenu un acte volontaire et gratuit (on peut très bien vivre en couple sans jamais se marier). Ce n'est pourtant pas une simple cerise sur le gâteau conjugal. Le mariage contemporain a une force secrète qu'il faut savoir comprendre.

Pourquoi l'idée vient-elle un jour de se marier ? Pourquoi provoque-t-elle si vite une douce excitation ? Parce que les deux partenaires ont pris conscience qu'ils sont devenus autres. Surpris et fiers de cette nouvelle identité, ils veulent soudainement proclamer l'événement, à la famille et aux amis, très fort, officiellement. Comme pour confirmer ce changement. Si les doutes n'ont pas toujours totalement disparu, si le désir de maintenir une certaine respiration personnelle dans le couple reste souvent présent, l'envie de s'engager est toutefois devenue la plus forte. La légèreté du présent ne suffit plus. Il leur faut s'inscrire résolument dans un avenir plein de projets, autour d'enfants rieurs et de l'idée familiale. Le mariage cristallise une mutation intérieure. Il est très lié au projet parental[1], au souhait de passer du couple à la famille, de s'établir dans la durée. Il est surtout une volonté d'enfermer l'avenir dans cet engagement, de conjurer la rupture toujours possible. Le fait de se marier est davantage corrélé à un faible risque de rupture que le fait d'avoir des enfants[2]. C'est justement parce que les

1. H. Léridon, C. Villeneuve-Gokalp, Les nouveaux couples : nombre, caractéristiques et attitudes, *Population,* n° 2, 1988.

2. L. Toulemon, La place des enfants dans l'histoire des couples, *Population,* n° 6, 1994.

partenaires sont conscients de la fragilité du couple qu'ils veulent tenter ainsi de forcer le destin.

Quelle sorte de cérémonie organiser ? Parfois l'idée première est celle d'une fête originale avec les amis, pour ne pas retomber dans les rituels dont on se moquait naguère. On s'amuse beaucoup à évoquer des scénarios tous plus fous les uns que les autres. Mais les rêves profonds disent autre chose : l'envie d'une robe de lumière, d'une communion intense, d'un événement solennel. Le mariage est devenu aujourd'hui le marqueur symbolique d'un passage. Et les symboles ne fonctionnent vraiment qu'en s'enracinant dans une longue tradition[1]. C'est pourquoi, bien que moderne et personnalisé sur quelques détails, il reste et doit rester un vrai mariage. Ainsi seulement l'émotion sera intense, et l'événement, avec une force surprenante, marquera le changement d'identité.

1. M. Segalen, *Rites et rituels contemporains,* Paris, Nathan, 1998.

Chapitre V

LE TRAVAIL DOMESTIQUE

I. – Faire face

1. **Le chaos menaçant.** – L'organisation domestique d'un ménage ne peut se comprendre en dehors de la dynamique des gestes élémentaires qui sont à sa base. Observés dans l'instant, ils apparaissent évidents pour ceux qui les déploient, s'enchaînant les uns aux autres. Mais ne prendre en considération que ce point d'aboutissement serait oublier l'histoire qui les a construits ainsi. Les pratiques constituant l'organisation domestique ont été l'une après l'autre intériorisées et transformées en automatismes permettant au corps de se mouvoir sans se poser de questions sur le pourquoi et le comment du moindre geste. À l'origine, chaque mouvement a été improvisé une première fois, plus ou moins réfléchi pour être inventé, généralement dans l'urgence et sous la pression des événements. Puis peu à peu répété comme allant de soi. La cause majeure de l'urgence est la menace de chaos. Cette problématique est particulièrement claire en ce qui concerne les tâches de rangement et de ménage proprement dites (elle peut cependant être élargie à l'ensemble du travail domestique, comportant aussi beaucoup d'activités relationnelles). L'ordre des choses n'est pas une donnée objective, chacun le construit avant tout dans sa tête à partir d'un sens des places assignées

aux objets[1]. Cette construction à la fois cognitive et se traduisant dans l'ordre du concret s'opère à partir d'une référence minimale du propre, de l'ordonné, de ce qui doit être obligatoirement fait pour sauvegarder quelques principes élémentaires de classement du quotidien, qui se révèlent être des fondements majeurs de l'identité (être propre c'est être en propre, c'est être soi). L'évidence incorporée de ces quelques principes se traduit en gestes automatiques vécus sous le signe du devoir agir : on doit balayer la poussière et on le fait « spontanément », en se posant le moins possible de questions. À l'opposé de cette dynamique d'action inscrite dans les routines se situe l'univers du non-connu et du non-organisé, perçu comme une menace contre ce qui a été structuré et sédimenté. Dans ce grouillement menaçant, il y a à la fois les activités que l'on a conscience d'accomplir imparfaitement et les circonstances imprévues qui désorganisent les acquis ou révèlent la nécessité d'une tâche nouvelle. Le combat quotidien contre le risque de chaos peut être analysé comme un mouvement spiroïdal : chaque jour le couple semble répéter les mêmes gestes de remise en ordre de ce qui a été dérangé, mais ce faisant il déplace légèrement et perfectionne le système mis en place. Les acteurs de cette épopée discrète se sentent portés par un élan les poussant à aller toujours plus de l'avant. Au niveau des tâches les plus conscientes et représentées comme nobles (les projets immobiliers, l'éducation des enfants), cette disposition d'esprit peut amener les protagonistes à se percevoir sous les traits de chefs d'entreprises performants. Au niveau des tâches les plus répétitives et les plus humbles

1. M. Douglas, *De la souillure,* Paris, Maspero, 1981.

(balayer, sortir les ordures), le sens du devoir intériorisé pousse à renforcer l'évidence des gestes et à agir de la façon la plus automatique qui soit. Entre les deux, pour ce qui concerne les tâches à la fois peu reconnues et requérant une technique complexe (cuisine, repassage), ils ressentent (malgré la plus ou moins grande pénibilité provoquée par la réalisation des corvées ménagères) un certain plaisir mélangé de fierté pour la compétence acquise et pour leur capacité à maintenir et à développer l'organisation.

2. **Donner à faire.** – Le travail effectué par les familles change avec le contexte historique. Sur une longue durée, il est possible d'observer un mouvement continu d'externalisation : des activités de plus en plus nombreuses sont déléguées et socialisées sous la forme d'une prise en charge par les pouvoirs publics, des associations, des entreprises de services[1]. Ce mouvement s'est accéléré depuis trente ans, sous la pression résultant de l'essor du travail féminin et du nouveau mode d'entrée en couple. Il est l'occasion d'un changement de nature, d'une sophistication des travaux anciennement familiaux : il n'y a pas seulement déplacement d'un travail pour soulager la famille mais restructuration et développement de l'activité (les exemples de l'école et de la santé publiques suffisent à l'illustrer). La socialisation continue du travail familial ne libère les ménages qu'en apparence : de nouvelles activités remplacent sans cesse celles qui ont été transférées, le temps passé au travail domestique ne diminue pas.

Situé dans ce mouvement, chaque ménage doit répondre à la question : Qu'est-ce qui peut être délégué,

1. M. Bonnet et Y. Bernard, *Services de proximité et vie quotidienne,* Paris, PUF, 1998.

qu'est-ce qui ne doit pas l'être ? En prenant ces décisions, à propos du repassage ou de la garde des enfants, les partenaires conjugaux, sans s'en rendre compte, définissent leur propre conception de ce que doit être la famille et les perspectives pour une évolution future des activités proprement domestiques. Schématiquement, les ménages peuvent être répartis en trois groupes. Les milieux les plus modestes sont les objets de politiques sociales, qui constituent une forme spécifique de l'encadrement et de la délégation du travail familial. Les milieux intermédiaires faiblement diplômés, dans de nombreux cas, résistent à la délégation, et favorisent au contraire un fort investissement dans leur propre système domestique. Les milieux les plus dotés socialement ou culturellement ont généralement une attitude différente, notamment à partir d'un positionnement spécifique par rapport aux usages du temps : ils en manquent, ils courent sans cesse après, pour effectuer des activités professionnelles ou de loisir qui augmentent en nombre à mesure que le capital économique et le capital culturel se renforcent[1].

Les activités déléguées ne sont pas toujours les plus pénibles et ingrates. Car le choix de ce qui est donné à faire dépend en grande partie de la structuration de l'offre des services et des résistances personnelles liées à l'incorporation d'automatismes. C'est pourquoi par exemple il est paradoxalement plus facile de donner son enfant à garder que son linge à repasser. Quant aux nouvelles activités développées grâce au temps libéré par la délégation, il est remarquable que des tâches ménagères diverses

1. J.-C. Kaufmann, *Faire ou faire-faire ? Famille et services*, Rennes, Presses Universitaires de Rennes, 1996.

soient librement réintroduites, comme pour combler le vide (tâches souvent créatives, comme la cuisine festive, mais aussi routinières, comme bêcher son jardin). Cette observation permet de mieux cerner le sens du travail domestique : il ne s'agit pas seulement de corvées dont on chercherait à se débarrasser, mais aussi d'une activité essentielle concourant puissamment à construire quotidiennement la relation conjugale et les identités des individus socialisés dans le couple.

II. – Face à face

1. **Les territoires personnels.** – L'idée de partage égalitaire des tâches domestiques est très récente et s'oppose à des siècles d'histoire ayant assigné les femmes aux travaux de la famille et de la maison. Le XIXe siècle tout particulièrement. Michelle Perrot analyse avec quelle force il dessine la figure de la femme mère et ménagère[1], délimitant un rôle domestique qui ne se transformera guère jusqu'au début des années 1960. Poussant certains chercheurs, notamment Parsons[2], à penser que le rôle « affectif » de la femme et le rôle « instrumental » de l'homme pourvoyeur de ressources pourraient constituer des données d'évidence.

Depuis quelques décennies, ces conceptions sont devenues obsolètes, sous les coups d'une double évolution : les rôles ne s'offrent plus « prêts à vivre », ils doivent d'abord être élaborés, et l'idée d'égalité entre

1. M. Perrot, Figures et rôles, *in* P. Ariès, G. Duby (éd.), *Histoire de la vie privée,* t. 4, Paris, Le Seuil, 1987.
2. T. Parsons, R. F. Bales (éd.), *Family Socialization and Interaction Process,* New York, The Free Press, 1955.

hommes et femmes bouleverse les références anciennes. Les jeunes qui entrent en couple n'ont pas une idée très précise de la conduite à tenir concernant les questions ménagères. Ils imaginent mal ce que sera l'évolution future, l'augmentation progressive du travail à effectuer ; ils n'ont guère une vision plus claire de ce que doivent être les principes d'organisation présente. Ils se laissent porter par l'inspiration, si possible créatrice et ludique, comme souvent pour la cuisine[1]. La légèreté des débuts les incite à ne pas surévaluer l'importance de ces problèmes. Pourtant, peu à peu, à mesure que le couple s'installe, des réponses doivent être données, notamment à la question : Qui doit faire quoi ? Quelle doit être la norme de répartition ? Les rôles anciens conféraient à la femme la presque totalité de la charge du travail. L'idée nouvelle d'égalité entre hommes et femmes dans tous les domaines de la société suggère logiquement que les tâches ménagères doivent être partagées équitablement. Divisés entre ces deux références contradictoires, les nouveaux couples improvisent au jour le jour. Avec une dominante très nettement marquée pour la référence égalitaire. Les courses, les petites vaisselles et les coups de balai sont donc répartis, plus ou moins équitablement, suivant une méthode qui elle aussi est à définir. Le système « chacun son tour » permet de respecter le principe d'égalité. Il est toutefois d'une application délicate car il exige d'effectuer des comptes permanents. En conséquence il est généralement appliqué de façon souple : l'alternance est modulée par la « disponibilité » de chacun. Cette souplesse constitue l'une des brèches par lesquelles s'installe progressivement un autre sys-

1. I. Garabuau-Moussaoui, *Cuisine et indépendance. Jeunesse et alimentation,* Paris, L'Harmattan, 2002.

tème : la répartition par territoires personnels (à l'un la cuisine, à l'autre le ménage, etc.). La répartition par territoires personnels n'est pas, en théorie, incompatible avec l'égalité : il suffit d'évaluer vaguement qui fait quoi et de s'organiser pour que la charge de l'un ne dépasse pas (ou pas trop) celle de l'autre. Dans les faits la réalité est pourtant souvent différente. D'abord parce que l'évaluation mutuelle est extrêmement difficile à mettre en pratique sinon sur quelques aspects partiels. Ceci pour une raison principale : l'automatisme des gestes étant à la base de ce qui facilite la vie doit être le moins possible remis en cause, or l'évaluation mutuelle empêche de se laisser aller aux gestes non conscients. Ensuite parce que les logiques de construction de territoires domestiques personnels ne sont pas semblables entre individus. C'est notamment à cette occasion que les deux partenaires découvrent à quel point ils ont deux histoires différentes, deux histoires qui ont sédimenté en eux deux patrimoines de gestes et deux potentiels de structuration des pratiques particuliers[1]. L'un(e) pourra par exemple s'engager dans la préparation des repas et effectuer avec facilité des tâches qui peuvent même lui apparaître agréables et pour lesquelles il (elle) a de la motivation alors que repasser lui semble aussi inutile ou difficile à effectuer que pénible. Pendant que l'autre découvrira son potentiel de compétence et de quasi-plaisir pour le repassage alors qu'elle (il) ne sent aucune attirance pour la cuisine. Une longue mémoire historique individuellement incorporée révèle progressivement une capacité d'inscription particulière dans des territoires personnels spécifiques. Et souvent complémentaires avec les territoires du partenaire, ce

1. J.-C. Kaufmann, *La trame conjugale,* Nathan, 1992.

qui accélère la constitution de rôles bien délimités. Complémentarité qui n'est pas due au hasard, mais résulte de deux facteurs : les différences de sexe, qui tend à conduire, selon que l'on est homme ou femme, dans deux régions opposées du système domestique[1], et le fonctionnement conjugal, qui incite à renforcer certains contrastes (permettant ainsi de mieux marquer les territoires personnels et de renforcer la cohérence identitaire de chacun). Le mécanisme n'est toutefois pas aussi bien huilé que pourrait le laisser penser l'exemple donné. La « découverte » des territoires personnels est un processus lent et laborieux, évoluant au gré des ajustements et des négociations quotidiens. Il s'agit d'ailleurs autant d'une construction que d'une simple découverte. À partir de potentiels de développement sédimentés en soi, certes, mais le résultat n'est pas donné d'avance.

2. **L'égalité problématique.** – Tâtonnant, chaotique, le processus bute par ailleurs sur une difficulté : plus il avance, plus le projet égalitaire initial semble s'éloigner. Le capital d'injonction à agir de l'un est en effet rarement équivalent au capital de l'autre. Pour l'un (généralement la femme) beaucoup de choses sont à la fois plus faciles à faire et plus importantes, plus évidentes. Pour l'autre, beaucoup de choses sont à la fois pénibles à faire et apparais-

1. Bernard Zarca distingue un « pôle féminin », largement dominant regroupant notamment l'entretien du linge et les activités de ménage, un « pôle masculin » (en vérité très faible) et des « tâches négociables », comme la cuisine, la vaisselle ou les courses, effectuées principalement par le mari dans 10 à 20 % des cas. Plus une tâche est marquée par le sexe opposé, plus elle est pénible à effectuer. B. Zarca, La division du travail domestique. Poids du passé et tensions au sein du couple, *Économie et statistique*, n° 228, 1990.

sent peu justifiées, imposées par le partenaire, dont les normes sur ce point sont plus élevées (moins les exigences ménagères des femmes sont importantes, plus les hommes participent aux tâches)[1]. Un des problèmes dans un tel contexte est que les jugements croisés s'opèrent à partir de la culture ménagère de chacun et non en se référant à une norme moyenne. Celui pour qui un travail est pénible sera donc jugé comme fainéant par l'autre pour qui le même travail est au contraire aisé. Ce qui à nouveau pousse à la séparation des territoires et même à la non-communication entre eux (pour protéger la satisfaction et la communication conjugale). Tenter d'imposer la norme la plus élevée dans tous les domaines reviendrait à ouvrir autant de zones de conflits. Les protagonistes préfèrent donc souvent prendre en charge seuls ce qui leur tient le plus à cœur pour ne pas avoir à critiquer le partenaire pour ses insuffisances. La séparation des territoires personnels permet d'économiser le coût relationnel du choc des différences. Or l'évolution vers le temps du confort se caractérise par une recherche de non-conflictualité et de fonctionnalité de l'organisation domestique. Dans ce contexte, il est difficile de résister à la constitution de territoires personnels. Résultat : malgré la référence égalitaire qui est dans les esprits, la répartition concrète plus équitable des tâches domestiques ne progresse qu'extrêmement lentement[2].

1. L. Thompson, A. J. Walker, Gender in families : Women and men in marriage, work and parenthood, *Journal of Marriage and the Family,* vol. 51, 1989, p. 859, citant un travail de Myra Ferree.

2. C. Brousse, La répartition du travail domestique entre conjoints : permanences et évolutions de 1986 à 1999, *France, portrait social,* INSEE, 1999.

III. – L'un et l'autre

1. **Identité féminine et tâches ménagères.** – Comment faire alors avec l'idée d'égalité ? Elle devient inapplicable à mesure que le couple s'installe[1], et en même temps il est impossible de l'abandonner. L'égalité entre hommes et femmes est devenue aujourd'hui un principe démocratique intangible. Les formes que doit prendre cette égalité sont cependant encore en débat : au nom de la spécificité de l'identité féminine, doit-on accepter que certains types de pratiques restent sexuellement marquées ? Les tenants de cette position prennent rarement l'exemple des tâches ménagères. Il s'agit pourtant d'un point crucial de l'articulation problématique égalité/identité de genre. Découvrant l'étendue des territoires domestiques personnels qu'elle structure, la femme se sent fréquemment intérieurement déchirée entre des principes généraux qui l'incitent à se poser des questions sur cette évolution, à critiquer l'éloignement de l'idéal égalitaire, à se critiquer elle-même pour sa participation active à cet éloignement par la prise en charge de tâches (« Ah je suis trop bête... »), et ce que les automatismes incorporés la poussent à faire malgré elle (« ... mais c'est plus fort que moi »)[2]. Cette hésitation lancinante est vécue sous une forme ponctuelle et concrète (à propos de tel ou tel geste qu'elle ne peut se résoudre à abandonner). Pourtant c'est fondamentalement une ques-

1. Jean Kellerhals et son équipe soulignent le décalage existant entre les aspirations égalitaristes au début du couple et la concrétisation ultérieure. J. Kellerhals, J.-F. Perrin, G. Steinauer-Cresson, L. Vonèche, G. Wirth, *Mariages au quotidien. Inégalités sociales, tensions culturelles et organisation familiale,* Lausanne, Pierre-Marcel Favre, 1982.
2. J.-C. Kaufmann, *La trame conjugale,* Paris, Nathan, 1992.

tion sur l'identité et l'égalité qui est posée. Chaque femme y répond à sa manière privilégiant l'un (le confort conjugal et identitaire) ou l'autre (le principe d'égalité et la réalisation personnelle), l'ensemble des microdécisions individuelles dessinant une figure moyenne de ce que signifie être une femme aujourd'hui dans notre société. C'est ainsi que semble se dégager le portrait d'une femme hésitante, divisée et surmenée car ne souhaitant pas ou ne pouvant pas abandonner la position occupée dans le couple au nom de la réussite professionnelle[1]. Portrait dont les lignes se renforcent dans la mesure où les hommes sont exactement en attente de ce type de femme qui leur permet d'être en accord avec les principes égalitaires généraux tout en privilégiant leur propre réussite professionnelle. Portrait dont les tonalités négatives sont estompées par les médias, qui s'appuient pour ce faire sur un consensus très large, hommes et femmes réunis trouvant intérêt à taire ce qui pourrait troubler la tranquillité conjugale.

Dana Hiller et William Philliber constatent le décalage entre les positions générales, égalitaristes, et le refus de chacun de céder sur ses territoires concrets[2]. Ils soulignent que l'effet de réactivation des rôles traditionnels vient surtout de la perception féminine de l'attente masculine : la femme se plie à ce qu'elle imagine être le souhait de son mari. Pour les auteurs, ce jeu d'interaction renforce la spécificité de genre principalement dans deux domaines : le travail ménager pour la femme, le rôle de pourvoyeur de ressources

1. J. Fagnani, *Un travail et des enfants,* Paris, Bayard, 2000.
2. D. V. Hiller, W. W. Philliber, The division of Labor in contemporary marriage : Expectations, perceptions, and performance, *Social Problems,* vol. 33, n° 3, 1986.

pour l'homme[1]. Une tâche comme l'éducation des enfants est un peu plus partagée. L'éducation est un phénomène complexe sur le plan du marquage sexuel. Elle comporte un élément de pouvoir, ce que Michel Glaude et François de Singly appellent les « grandes décisions », que les hommes investissent avec facilité[2]. Mais l'éducation est aussi un travail domestique au quotidien, fortement féminisé. Le fait que les hommes développent leur participation à certaines tâches spécifiques liées aux enfants (grandes décisions, jeux, sorties) ne doit pas masquer que le lien à l'enfant reste un pôle d'ancrage essentiel de l'identité féminine. Christine Castelain-Meunier et Jeanne Fagnani[3] décrivent comment ce lien s'instaure dès la grossesse avec la « magie » émanant du petit être vivant porté en soi. Sensation d'autant plus forte que la société soutient son épanouissement à partir de la priorité inconditionnelle accordée à la « qualité de la relation à l'enfant »[4]. Sur la scène sociale, cette question est comme séparée de l'égalité, traitée à part. Or, comme pour le travail ménager, elle occupe une position centrale dans la réactivation de l'identité de genre. La venue de l'enfant, nous l'avons vu, s'inscrit souvent au moment où le contour des rôles devient plus net. La maternité et les soins au bébé[5] accélèrent cette définition, sans que

1. Sur cette opposition, cf. également J. C. Hood, The provider role : Its meaning and measurement, *Journal of Marriage and The Family,* vol. 48, 1986.

2. M. Glaude, F. de Singly, L'organisation domestique : pouvoir et négociation, *Économie et statistique,* n° 187, 1986.

3. C. Castelain-Meunier, J. Fagnani, Deux ou trois enfants : les nouveaux arbitrages des femmes, *Revue française des affaires sociales,* n° 1, 1988.

4. *Ibid.*

5. La maladie de l'enfant est particulièrement corrélée avec une forte prise en charge féminine. François de Singly montre que le congé pour enfant malade constitue un indicateur prouvant que

l'on puisse distinguer les « effets de cycle » et la charge de féminité des activités liées à l'enfant. La décision d'avoir ou non un troisième enfant peut être analysée dans ce contexte évolutif. Christine Castelain-Meunier et Jeanne Fagnani remarquent qu'elle renvoie à deux « esprits de famille » différents, l'un se référant à l'intériorisation d'interdits concernant le désir d'enfant au nom de l'affirmation de soi comme « sujet libre et autonome », l'autre à un refus des « injonctions du modernisme » pour donner libre cours aux « pulsions maternelles »[1].

2. **Hommes : la tentation du pouvoir.** – Michael Lamb, Joseph Pleck et James Levine notent que lorsque les couples partagent le travail domestique, une des sources importantes de conflit est la (mauvaise) qualité du travail masculin, critiquée par les femmes[2]. L'installation des hommes dans l'univers ménager n'est pas simple. Poussés par la référence égalitaire et par la société qui, pour masquer le problème, met en avant l'image d'un homme moderne à l'aise et joyeux dans le récurage des casseroles et les soins au bébé, les hommes essaient de s'aventurer dans ce domaine incertain avec souvent une relative bonne volonté. Ils cernent progressivement leur capa-

l'égalité n'est pas aussi avancée que certains voudraient le croire : « Les pères sont, pour la plupart, pères aujourd'hui comme hier en manifestant un fort engagement dans le travail professionnel » (F. de Singly, *Parents salariés et petites maladies d'enfants, Le congé pour enfant malade,* Paris, La Documentation française, 1993).

1. C. Castelain-Meunier, J. Fagnani, *op. cit.*

2. M. E. Lamb, J. H. Pleck, J. A. Levine, Effects of paternal involvement on fathers and mothers, *in* R. Lewis, M. Sussman (eds), *Men's Changing Roles in the Family*, New York, Haworth Press, 1986.

cité à constituer des territoires et découvrent ce faisant l'importance des résistances, la difficulté à atteindre les normes de la partenaire, les critiques et insatisfactions provoquées par leur travail. Se plaçant en position d'élèves pour apprendre davantage, ils ressentent souvent une culpabilité pour le non-respect des principes initiaux, plus égalitaires, culpabilité qui les incite à ne pas se laisser aller trop facilement à la tentation du repli et de la reconstruction de rôles semblables aux anciens. Dans le jeu quotidien de l'interaction, dont la tendance dominante est de renforcer les complémentarités de genre, les hommes essaient donc, plus ou moins, de guetter les occasions leur permettant de s'insérer. Elles peuvent venir de leur capital de manières. Par exemple un goût hérité pour les arts de la table. Le cas de figure n'est pas rare où l'homme a au début une attirance pour ce domaine simplement en tant que spectateur et consommateur, qu'amateur de bonne chère. Cette attirance peut toutefois constituer le fondement d'une injonction à agir plus productive. Progressivement l'homme peut ainsi expérimenter quelques petits plats, puis devenir le maître d'œuvre des réceptions familiales (soutenu ici par l'aspect public de la pratique), puis prendre en charge la cuisine ordinaire, puis l'ensemble des activités liées à l'alimentation du ménage (courses, vaisselle, rangement). Cet exemple n'est pas pris au hasard, la cuisine et les courses étant parmi les tâches d'intérêt général où les hommes parviennent à s'impliquer de façon non négligeable[1]. Les hommes ont aussi leur territoire traditionnel : bricolage, réparations, entretien de l'automobile, activités qui sont pour les femmes parmi les plus pénibles quand elles ont à les effectuer, étant

1. C. Brousse, *op. cit.*

donné leur marquage sexuel[1]. L'évolution du temps passé par les hommes et par les femmes au bricolage est intéressante à analyser. Dans les années 1970-1980, les hommes augmentent encore leur prise en charge quasi exclusive du domaine[2]. On aurait pu penser que l'indétermination grandissante des rôles domestiques inciterait au mélange des genres et au développement de la présence féminine, de la même manière que les hommes s'introduisent dans la cuisine. Or dans un premier temps il n'en est rien, car le bricolage leur permet de compenser ce qu'ils parviennent difficilement à faire ailleurs, de constituer un territoire qui soit à la fois le leur et reconnu comme partie intégrante du travail domestique. Puis, dans les années 1990, la tendance se renverse[3]. Les hommes continuent à bricoler de plus en plus, mais les femmes s'introduisent en masse dans ce nouveau territoire. Elles le font à leur manière, à partir de la décoration, activité inscrite dans un imaginaire familial, progressant ensuite vers les aspects plus techniques. Les hommes sont alors poussés à redéfinir leur territoire sur des aspects plus pointus.

Les occasions de s'insérer davantage dans le travail domestique peuvent se présenter également sous la forme de prises de pouvoir discrètes. La difficulté la plus grande pour les hommes se situe dans la responsabilité opérationnelle d'un secteur d'activité, qui implique une charge mentale[4] et une capacité organisationnelle précise. L'art masculin peut consister à introduire un troisième niveau, au-dessus de la res-

1. B. Zarca, *op. cit.*
2. M. Glaude, F. de Singly, *op. cit.*
3. C. Brousse, *op. cit.*
4. M. Haicault, La gestion ordinaire de la vie en deux, *Sociologie du travail,* n° 3, 1984.

ponsabilité opérationnelle, celui du débat stratégique sur les grandes orientations. Séparé de la mise en application, l'homme peut retrouver de l'aisance et de la compétence à moindre frais tout en compensant sa faible participation concrète[1]. Alors que la femme n'a pas tout à perdre : son conjoint risque moins de se désengager du domaine domestique et ce troisième niveau peut réellement constituer un enrichissement de la vie familiale. Michel Glaude et François de Singly mettent en évidence que c'est par rapport aux grandes décisions, qu'ils nomment aussi le « pouvoir d'orchestration » que l'égalitarisme a le plus progressé, alors que le « pouvoir d'exécution » et l'exécution elle-même restent spécialisés[2]. La démocratie domestique se structure principalement à ce niveau.

3. **Une évolution incertaine.** – La mise au point des rôles dans le cours du cycle conjugal est un processus extraordinairement complexe et mouvant, qui se joue au croisement des manières héritées, de la dynamique spécifique de l'interaction et de la force d'imposition des modèles culturels du moment. Chaque couple est une histoire particulière, débouchant sur une définition de rôles qui lui est propre. L'ensemble des choix particuliers s'inscrit pourtant dans un mouvement d'ensemble, qui confère un sens dominant à l'évolution. Celle-ci semblait claire quoique très lente : un progrès vers davantage d'égalité[3]. Ce progrès lent mais

1. R. S. Weiss, Men and the Family, *Family Process*, n° 24, 1985.
2. M. Glaude, F. de Singly, *op. cit.*
3. En quatorze ans, de 1986 à 1999, les hommes ont augmenté leur participation quotidienne aux tâches ménagères de onze minutes, soit une augmentation de moins d'une minute par an. Cf. C. Brousse, *op. cit.*

continu, largement surévalué dans l'imaginaire collectif et associé à l'évidence du principe d'égalité, donne à penser que la suite du mouvement est inéluctable. Rien n'est pourtant moins sûr. La petite diminution de l'écart entre hommes et femmes a été due à une puissante mobilisation sociale s'opposant à la logique conjugale quotidienne qui pousse au contraire au renforcement des contrastes de rôles. Or cette mobilisation imposant avec force l'idée d'égalité tend aujourd'hui à diminuer et à être relayée par des réflexions sur les identités de genre (identités féminine et masculine, ainsi que maternelle et paternelle) qui subrepticement peuvent déclencher des effets inégalitaires en chaîne. Ceci d'autant plus que la tendance à l'innovation dans les comportements conjugaux tend à s'essouffler[1]. Il n'est pas question d'imposer un modèle de comportement, cette question privée relevant des choix de chacun. Mais il importe de souligner l'ampleur des clarifications nécessaires pour que chacun prenne conscience des enjeux.

1. A. Thornton, Changing attitudes toward family issues in the United States, *Journal of Marriage and the Family*, vol. 51, 1989.

Chapitre VI

VIVRE À DEUX

I. – Les échanges

1. **La complexité des flux.** – Tout s'échange dans le couple, comme le signale Michelle Perrot dans une liste à la manière de Georges Pérec : du sperme, des baisers et des coups ; de l'argent du travail et des sentiments, du capital économique et du capital symbolique[1]. Chaque jour une infinité de biens et des services extraordinairement divers et parfois difficilement perceptibles (par exemple le soutien identitaire) circulent dans un sens et dans l'autre. Dans les débuts de la vie à deux, l'indifférenciation des rôles rend encore plus floue la vision de ce que chacun donne et reçoit, la fusion amoureuse et la proximité, voire l'équivalence des positions pouvant même donner à penser que des éléments identiques sont échangés. Pourtant, dès la première rencontre, le problème est de définir une règle de troc : l'un et l'autre sont plus particulièrement en attente de certains biens et services[2]. Cette définition peut être très rapide, les premiers temps de l'interaction étant alors fortement structurants. Daniel Welzer-Lang remarque ainsi que dans ces instants

1. M. Perrot, Les échanges à l'intérieur de la famille, *in* F. de Singly (éd.), *La famille, l'état des savoirs,* Paris, La Découverte, 1991.

2. D. D. Jackson, Les règles familiales : le quid pro quo conjugal, *in* P. Watzlawick, J. H. Wealand, *Sur l'interaction,* Paris, Le Seuil, 1981.

émotionnellement vibrants, l'acceptation par la femme de comportements pouvant annoncer des violences domestiques futures est un piège qui commence déjà à se refermer sur elle[1]. Elle peut au contraire être très lente. Odile Blin analyse comment dans les jeunes couples d'artistes, la structuration des échanges dépend du fait de savoir lequel des deux réussira professionnellement mieux que l'autre. La première phase du couple apparaît dans ce cas comme une phase d'attente. Néanmoins, la gestion du quotidien n'est pas sans effet sur la détermination de l'avenir : telle femme qui prend immédiatement en charge le travail ménager plus que son conjoint hypothèque d'autant ses perspectives professionnelles en donnant une orientation à la circulation des échanges[2].

2. **Le sexe des flux.** – Des règles de structuration peuvent être mises en évidence. Selon le milieu social[3] et surtout selon le sexe : hommes et femmes ne sont pas en attente des mêmes biens et services. François de Singly, dans sa recherche sur les petites annonces, montre que les hommes recherchent plutôt de la beauté et du soutien affectif et les femmes du capital économique[4]. Ce résultat est confirmé par Ruth Berry et Flora Williams après la mise en couple : pour les femmes mariées, le plus fort indicateur de satisfaction est corrélé avec la considération du conjoint comme

1. D. Welzer-Lang, *Arrête ! Tu me fais mal !,* Montréal, VLB Éd., 1992.
2. O. Blin, *Les couples d'artistes,* mémoire de DEA sous la direction de François de Singly, Université de Rennes 2, 1991.
3. J. Kellerhals, J. Coenen-Huther, Familles suisses d'aujourd'hui : évolution récente et diversité, *Les Cahiers médico-sociaux,* vol. 34, n° 1.
4. F. de Singly, Les manœuvres de séduction : une analyse des annonces matrimoniales, *Revue française de sociologie,* 25 (4), 1984.

bon pourvoyeur de ressources[1]. Les auteurs notent que les femmes sont également en attente plus forte de communication conjugale. D'autres études insistent sur l'attente sentimentale, plus féminine, généralement opposée à une attente masculine davantage portée sur le sexuel[2]. Pour résumer : recherche de l'attrait physique et sexuel, du soutien affectif pour les hommes ; du capital économique, du sentiment et de la communication pour les femmes. Cette classification rudimentaire demanderait à être précisée. Ainsi les hommes parlent-ils davantage du soutien affectif parce qu'ils ont l'habitude de recevoir ce type de service : ils considèrent plus que les femmes leur conjointe comme étant leur meilleur ami[3] et les femmes donnent plus que les hommes spontanément baisers et autres marques d'affection[4]. Mais ceci ne signifie pas que les femmes soient moins demanderesses de soutien affectif, simplement elles formulent cette demande de façon différente, intégrée à une revendication plus vaste de communication intime[5]. Les hommes privilégient le soutien affectif immédiat et égotiste parce qu'ils sont moins impliqués dans le couple, au contraire des femmes qui l'inscrivent pour la raison opposée dans la communication conjugale. Les différences ne renvoient donc pas à des spécificités identitaires abstraites et encore moins à une opposition de nature

1. R. E. Berry, F. L. Williams, Assessing the relationship between quality of life and marital income satisfaction : A path analytic approach, *Journal of Marriage and the Family*, n° 49, 1987.
2. D. Francescato, *Quando l'amore finisce*, Bologna, Il Mulino, 1992.
3. L. B. Rubin, *Intimate Strangers, Men and Women together*, New York, Harper & Row, 1984.
4. P. Blumstein, P. Schwartz, *American Couples : Money, Work, Sex*, New York, William Morrow, 1983.
5. L. B. Rubin, *op. cit.*

homme-femme : ce sont avant tout les positions occupées dans l'interaction qui définissent les échanges et leurs jeux de complémentarité. Ainsi le « beau mariage », comme l'analyse François de Singly, l'union avec une personne fortement dotée économiquement se paie d'un devoir de compensation affective et relationnelle et d'une autolimitation de la critique et de l'insatisfaction. Au contraire, la personne « mal mariée » fait une mauvaise affaire sociale mais une bonne affaire affective. Dans cette équation mélangeant amour et argent, hommes et femmes ne se présentent pas égaux. Nous avons vu en effet que la femme épouse généralement un homme occupant une position sociale qui lui est légèrement supérieure. Il est donc logique qu'elle « s'estime davantage redevable vis-à-vis de son partenaire et éprouve en contrepartie plus d'affection »[1].

3. **Mesurer les gains ?** – L'infinité des biens et services échangés, leurs différences de nature et leur caractère souvent difficilement perceptible rend impossible une évaluation sérieuse de ce qui est donné et reçu. Ceci d'autant plus que l'échange ne se réduit pas à une simple circulation de A vers B et de B vers A, mais qu'il s'insère dans une dynamique d'interaction complexe produisant des pertes et des gains collectifs. Par exemple, les partenaires ne peuvent guère avoir conscience que la reformulation identitaire mutuelle transforme en capital ce qui n'était encore en eux qu'une ressource potentielle[2]. Ils ne peuvent guère avoir conscience que la seule intégration conjugale les

1. F. de Singly, *Fortune et infortune de la femme mariée,* Paris, PUF, 1987.
2. F. de Singly, *Le soi, le couple et la famille,* Paris, Nathan, 1996.

protège mieux que les célibataires contre la propension au suicide[1] ou les maladies graves[2].

Dans ce paysage des échanges flou et mouvant, l'idée d'égalité cherche désespérément des marques pour s'appliquer. Une évaluation sérieuse étant impossible, les comptes ne peuvent pas être sérieux. Ils sont souvent manipulés et partiaux, armes du combat conjugal. Parfois la mesure des flux apparaît plus fiable, en se limitant à un aspect précisément délimité, chacun comptant ce qu'il donne et reçoit concernant le même bien ou service (par exemple les tours de vaisselle). Dans l'océan multicolore des échanges, de tels comptes partiels ne peuvent avoir qu'une portée réduite. Ils se développent cependant, dans une sorte de fuite en avant de l'idée d'égalité cherchant en tâtonnant des supports d'application. Y compris là où on les attendrait le moins, comme dans les rapports sexuels, placés désormais sous la norme du « donnant-donnant de la jouissance » quand ce n'est pas de l'orgasme simultané, qui permet de croire que les comptes sexuels sont immédiatement apurés[3].

II. – La gestion de l'insatisfaction

1. **Dons et dettes.** – La comptabilité de ce que chacun donne et reçoit ne peut être que partielle (et souvent partiale) étant donné la complexité des flux. Ses limites tiennent aussi à une autre raison : les deux conjoints ne se mettent que rarement en position de

1. É. Durkheim, *Le suicide,* 1897, rééd. Paris, PUF, 1991.
2. F. Trovato, G. Lauris, Marital status and mortality in Canada : 1951-1981, *Journal of Marriage and the Family,* vol. 51, n° 4, 1989.
3. A. Béjin, Rationalisation et démocratisation sexuelles, *La Revue du MAUSS,* n° 12, 1991.

compter. La plupart du temps, au contraire, ils se laissent porter par les gestes qui vont de soi, les automatismes élaborés précédemment. Individuellement, le geste qui va de soi est un geste fortement structuré (par le passé) et structurant (de l'avenir). Inscrit dans les échanges conjugaux, il est en partie produit par ces derniers et les fonde en retour. C'est ainsi que l'attitude apparemment passive consistant à ne pas se poser de questions, à ne pas réfléchir, à ne pas critiquer, à « prendre la vie comme elle vient », constitue en fait le procédé majeur de renforcement conjugal. Procédé qui n'est pas sans lien avec le sentiment amoureux, qui est lui aussi un art du refus de la critique. L'amour ne se réduit pas à cette dimension passive, il est aussi émotion et don de soi. Au niveau des gestes quotidiens, un versant davantage actif et créatif est également observable, quand les gestes demandent un effort, comme si l'affaiblissement de l'habitude nécessitait un ajout de sentiment pour reconstituer l'échange conjugal. Dans ces circonstances chacun se donne sans compter, sans réfléchir aux tenants et aux aboutissants de ses actes, pour retrouver ses automatismes. Et en se donnant ainsi, il incite l'autre à se donner à son tour. Dans une sorte de logique du don, qui, dans un continuum allant de l'habitude non consciente au geste d'amour volontaire, tisse jour après jour le lien social unissant les deux.

Des grains de sable sont cependant introduits dans cette belle mécanique. Quand l'identité individuelle ne trouve pas sa place dans le moi conjugal[1], et quand il y a perception d'un déséquilibre des échanges. Dans les deux cas, le signal d'alarme est le même : les gestes ne vont plus de soi, ils deviennent pénibles, deman-

1. F. de Singly, *Libres ensemble,* Paris, Nathan, 2000.

dent un effort supplémentaire, et un sentiment d'insatisfaction se développe. La satisfaction et l'insatisfaction conjugales sont des données subjectives et fluides. Elles constituent pourtant le régulateur des échanges conjugaux. Bien qu'il soit impossible de mesurer les flux, les partenaires éprouvent à un moment donné une impression globale intuitivement fondée sur le bilan des échanges. S'il y a insatisfaction, la logique du don devient inopérante : les automatismes sont rompus et la motivation pour se dévouer généreusement s'affaiblit. Le partenaire insatisfait peut alors changer radicalement la logique des échanges : en tentant d'évaluer les dettes, ce que chacun donne et reçoit. C'est alors, et alors seulement, que le couple se met en position de compter. Tel geste du matin, le coup de balai habituel, effectué sans même y penser (ou avec un petit effort en se pénétrant du principe « qu'il faut le faire » parce que « chacun y met du sien ») sera le soir séparé de ce contexte et inscrit au crédit de l'un et au débit de l'autre.

2. **La défection secrète.** – Les comptes sont relativement fréquents, car ils constituent un instrument privilégié pour mettre sur la table les problèmes et réformer le fonctionnement conjugal. Mais ils sont souvent très brefs et allusifs. Comme si les conjoints avaient vaguement conscience qu'ils ne peuvent être que limités et approximatifs. Comme s'ils avaient conscience qu'ils ne peuvent rompre trop longtemps la logique structurante du don.

Pour cette raison, l'insatisfaction ne débouche pas toujours sur une tentative de comptabilité des dettes ou d'explication sur les dysfonctionnements conjugaux. Un procédé permet en effet d'économiser le coût de la rupture de la logique du don mutuel : la défection secrète. Le sentiment d'insatisfaction est ressenti à un moment précis des échanges, il est donc variable. La défection secrète consiste dans un premier temps à enregistrer cette insatisfaction sans rien dire, dans une sorte de mémoire molle, en attente des échanges futurs. Souvent, l'insatisfaction du moment est effacée (ou au moins tempérée) par la perception positive d'un autre élément : l'agacement provoqué le matin par le mari qui lit son journal au petit déjeuner est gommé par les mots tendres qu'il sait si bien le soir susurrer. Or, comme nous l'avons vu, tout s'échange, dans des flux incessants ; amour, argent, travail, paroles, caresses. La défection secrète fait tampon. En remettant les comptes à plus tard, elle permet souvent de ne pas avoir à les effectuer. Ce n'est pas toujours le cas ; parfois le déficit s'accumule et l'insatisfaction devient persistante et aiguë. Un deuxième niveau de la défection secrète permet alors d'éviter une tentative d'évaluation et d'explication : en compensant l'insatisfaction par une prise de distance individuelle. L'équilibre est ainsi reconstitué en élargissant le cercle des échanges au-delà du couple. Par l'investissement dans le travail, des loisirs personnels pris plus ou moins en cachette, l'hypothèse laissée ouverte d'une rencontre amoureuse, ou simplement des rêves non conformes à la morale conjugale officielle, etc. À ce stade avancé, la défection secrète est susceptible de fragiliser, voire de rompre le lien conjugal. Il ne s'agit donc pas d'un procédé sans risques, comme les comptes et les explications franches ne sont pas également sans risques. Défection secrète ou usage de la parole pour régler les comptes constituent en fait deux modalités de gestion de l'insatisfaction que les conjoints utilisent selon les circonstances et les choix tactiques.

III. – La communication

1. **Plusieurs types de messages.** – Contrairement à une idée reçue, il n'est pas possible de parler n'importe comment et de n'importe quoi en couple : des règles très contraignantes structurent et limitent les échanges communicationnels. Pour les comprendre il est nécessaire de distinguer différents types de message.

Le plus important quantitativement est ce que l'on pourrait appeler la conversation de tous les jours, le bavardage sur des thèmes futiles ou plus importants. Peter Berger et Hansfried Kellner expliquent pourquoi cette conversation ordinaire est essentielle[1]. Musique de fond de la vie conjugale, elle est l'instrument principal qui permet de construire et de reconstruire quotidiennement le cadre collectif. Parler de la famille, critiquer un ami, discuter de l'intérêt d'un film, ébaucher des projets pour les vacances futures, c'est tisser dans les moindres détails l'enveloppe qui unit les deux conjoints, c'est recomposer l'univers de valeurs et de significations dans lequel ils s'inscrivent et qui les définit. La phrase la plus anodine ou la plus rabâchée a donc de ce point de vue une importance. Certaines sont toutefois plus importantes que d'autres : celles qui visent à d'éventuels changements d'orientation ou qui sont grosses de décisions possibles. L'on glisse alors du simple bavardage dont la fonction est de renforcer la réalité du cadre d'existence à un type de communication qui vise à préparer les choix tactiques et stratégiques de l'entreprise-famille. Ces deux types de communication sont très proches. Bien que les sujets soient très variés (de futilités apparentes à des élé-

1. P. L. Berger, H. Kellner, Le mariage et la construction de la réalité, *Dialogue,* n° 102, 1988.

ments décisifs pour l'avenir), ce n'est pas un hasard s'ils sont mélangés et s'il est possible de passer aisément des uns aux autres. Prendre des décisions constitue en effet un « bavardage » idéal, plus riche que les phrases routinières. C'est pourquoi les conjoints évoquent si souvent des projets sans suite, jouent à préparer des décisions improbables : pour alimenter la communication structurante de leur relation. Et cela d'autant plus que les véritables projets, qui déboucheront sur des décisions, sont issus la plupart du temps de rêveries parlées dans des discussions informelles.

Le troisième type de communication, à la différence des deux premiers, s'inscrit davantage dans un rapport de personne à personne que comme instrument de l'ensemble conjugal : la parole affective, de soutien et amoureuse. Ce sont les mots tendres qui balisent l'existence du sentiment, les marques d'attention pour les souffrances, la curiosité manifestée pour les projets personnels du partenaire.

Le quatrième type a trait à la gestion de l'insatisfaction et des conflits, paroles de colère et explications plus « à froid » sur les désaccords.

Le cinquième type enfin se rapporte aux tentatives d'analyse de la relation elle-même, de bilans, d'éventuelles réformes. C'est celui qui est le plus mis en valeur par les médias spécialisés et autres institutions s'occupant du couple, celui qui est considéré comme la véritable « communication conjugale ». Or c'est aussi le moins répandu dans la réalité, car le plus difficile à mettre en œuvre, celui qui heurte le plus le principe de renforcement selon lequel les relations doivent aller de soi.

2. **Les façons de s'exprimer.** – Pour la même raison, la communication la plus délicate (les deux derniers

types signalés) prend rarement la forme de grands discours, s'inscrit rarement dans des négociations explicites, posées comme telles, hors de la pression émotionnelle d'un contexte d'urgence. L'analyse de la relation et les explications sur les désaccords se mènent, mais d'autant mieux qu'elles sont fractionnées et dissimulées dans une autre dynamique communicationelle. Dans la conversation de tous les jours, qui bien manipulée peut permettre de renforcer une position face au partenaire/adversaire en lui faisant accepter certaines notions (par exemple que le mari a un travail si dur qu'il est fatigué le soir ; sous-entendu : il ne peut donc pas participer aux tâches ménagères). Dans les grandes décisions d'orientation, qui se fondent toujours sur un système de valeurs et des intérêts plus proches de l'un ou de l'autre. Dans la pondération de la parole affective, utilisée comme récompense ou comme sanction.

Mais l'astuce principale consiste à faire passer les messages d'une autre façon, en s'exprimant sans parler ou en parlant le moins possible. L'essentiel de la communication critique ou négociatrice (les deux derniers types) contourne l'utilisation de la parole ouverte, franche et bien construite. Grâce à des procédés multiples qui ont en commun de s'expliquer sans rompre les automatismes, à dire ou plutôt à laisser entendre brièvement quelques petites choses sans casser la machine à faire fonctionner le couple.

Le procédé le plus courant est la communication non verbale, par gestes significatifs ou par construction de situations d'interaction : le balai laissé en évidence près du sol jonché de miettes est un message qui ne peut échapper au conjoint. Lorsque la communication non verbale s'avère insuffisante pour régler un problème, ou que l'agacement provoqué par une trop forte insatisfaction pousse à s'exprimer pour libérer cette dernière, la parole peut encore prendre de nombreuses formes camouflées. Notamment par l'ironie, le rire, la dérision, très efficaces pour s'exprimer sans donner l'impression que l'on s'exprime sur le fond. Ou bien au contraire par une phrase de colère, apparemment incontrôlée, mais qui souvent s'arrête aussi brusquement qu'elle a surgi, très brève, pour ne pas laisser le temps au partenaire de réagir et d'engager une discussion ouverte. C'est ce que j'appelle la « petite phrase », dont la signification est généralement complexe. Pour l'illustrer, voici un épisode de la vie de Sabine et Romain, extrait de mon livre *La trame conjugale, analyse du couple par son linge* (p. 154-155).

La petite phrase s'inscrit dans un ensemble vaste de communications et dans une histoire des échanges conjugaux. Son ambiguïté tient d'ailleurs souvent au fait qu'elle délivre en même temps plusieurs messages. Pour être bien comprise, elle doit être mise en situation, avec tous ses arrière-plans. Souvent, le matin, Sabine Brastignac se lève et réveille Romain par une plainte lasse : « Ah là là, t'as vu le tas de linge, c'est pas possible ! » Petite phrase classique pouvant rappeler la dette ou formuler une demande d'aide. Mais étudions de plus près son contexte. Sabine se couche et se lève toujours plus tôt que Romain. La petite phrase est donc agressive par le moment où elle est prononcée. Sabine ajoute généralement « qu'en plus elle a des copies à corriger toute la journée » (Romain). La demande adressée à Romain semble manifeste, fondée sur une insatisfaction concernant le partage des tâches. Pourtant elle n'explicite jamais davantage et se contente de se plaindre, parlant en apparence pour elle-même. Romain pourrait faire comme s'il n'entendait rien si la phrase n'était pas si dérangeante (parce qu'elle le réveille). Comme Sabine elle-même, il a beaucoup de difficulté à l'interpréter : l'agression dépasse l'insatisfaction sur le partage des tâches, le sens n'est pas clair. Car en fait (mais ils n'en ont pas conscience), la petite phrase est ici surtout libératoire (d'où sa violence), déchargeant Sabine d'un agacement provoqué par le continuel affrontement de leurs divergences de conceptions et de rythmes. Sabine se lève tôt, Romain voudrait se lever tard ; elle est poussée vers l'ordre ménager, il critique ses maniaqueries ; elle doit toujours « commencer par liquider les corvées » alors qu'il remet le travail à plus tard (enfant elle faisait ses devoirs avant de jouer et lui le contraire). La vue du tas de linge matinal cristallise tous les problèmes : elle sera seule à faire la lessive, de plus elle la fera alors qu'il reste au lit, qu'il persiste à vouloir prendre du plaisir avant que le droit en soit acquis par le travail. La petite phrase exprime brutalement son désaccord global, et rétablit presque aussitôt un équilibre intérieur. Romain, bien que ne comprenant pas clairement les messages, répond cependant avec une certaine précision, en déglobalisant. De son lit, à peine réveillé, il lui dit de commencer par ses copies. Nouvelle petite phrase à double sens. Car elle mélange une éventuelle concession sur le partage des tâches (commence par tes copies, je pourrais mieux t'aider ensuite) et une réaffirmation de ses propres conceptions et rythmes (remet donc la corvée à plus tard). Après quelques minutes, soigneusement dosées, Romain se lève et donne un coup de main très symbolique (car évidemment Sabine ne l'a pas écouté) en mettant deux ou trois vêtements dans le lave-linge. Montrant ainsi qu'il comprend pour le partage des tâches. Mais il ne se lève pas trop vite et n'en fait pas trop, pour marquer son désaccord sur la divergence de manières. Au total, deux phrases brèves ont été dites, chargées de sens bien que quantitativement peu importantes. Elles se sont inscrites dans un large faisceau de communications gestuelles et silencieuses, véhiculant des messages très complexes. La conversation conjugale est souvent ainsi : d'apparence franche et abondante, elle évite les problèmes les plus difficiles, d'apparence banale, elle construit les évidences nécessaires ou porte de façon masquée la négociation ; d'apparence précise, elle est ambiguë et complexe ; d'apparence brève et insignifiante, elle est intense.

3. **Le sexe des phrases.** – Hommes et femmes ne parlent pas de la même manière. La majorité des tentatives pour introduire un thème de conversation portant sur l'intime et la famille provient des femmes, mais la position occupée par les hommes fait que ces tentatives aboutissent fréquemment à l'échec alors que les mêmes thèmes introduits (moins souvent) par les hommes produisent presque toujours une conversation[1]. Les femmes parlent plus, car elles ont plus à dire et à demander. Les hommes étant moins centrés sur le couple, ils utilisent davantage la fuite silencieuse et la défection secrète. Leur conversation à l'intérieur du couple est plus neutre[2] et porte davantage sur des faits publics[3]. Les femmes, qui ont davantage d'attentes strictement conjugales sont conduites à avoir une communication moins neutre, davantage portée aux ex-

1. P. Fischman, Interaction : The work women do, *Social Problems,* n° 25, 1978.
2. C. Notarius, J. Johnson, Emotional expression in husbands and wives, *Journal of Marriage and the Family,* n° 44, 1982.
3. T. Morton, Intimacy and reciprocity of exchange : A comparison of spouses and strangers, *Journal of Personality and Social Psychology,* n° 36, 1978.

trêmes[1]. Extrême positif, lié à leur propension à l'affectivité (elles rient et sourient plus souvent). Extrême négatif (récriminations), lié à leurs exigences d'explication concernant leurs attentes. Pour la même raison elles envoient des messages plus clairs et mieux compris[2]. Les hommes ne comprennent pas leur demande de plus grande communication intime, et cela d'autant plus que cette demande est forte. Car l'efficacité de la communication diminue à mesure qu'augmente l'insatisfaction : plus on est insatisfait moins on se comprend. Le terrain est alors prêt pour le conflit.

IV. – **Les conflits**

1. **Les causes.** – Les formes du conflit conjugal sont diverses, les causes également. Donata Francescato[3] isole deux motifs principaux de discorde : la difficile gestion des différences entre conjoints et le désenchantement amoureux. La gestion des différences est une question à large spectre en ce qu'elle rejoint celle de l'homogamie. S'il est vrai que « qui se ressemble s'assemble », nous avons vu que certaines complémentarités sont également recherchées. La différence n'est donc pas en elle-même problématique. Elle le devient seulement lorsqu'elle se traduit en opposition d'intérêts personnels entre partenaires, en divergences sur le projet conjugal[4] ou en agacement

1. L. Thompson, A. Walker, Gender in families : Women and men in marriage, work, and parenhood, *Journal of Marriage and the Family,* n° 51, 1989.
2. *Ibid.*
3. D. Francescato, *op. cit.*
4. J. Kellerhals, N. Languin, J.-F. Perrin, G. Wirth, Statut social, projet familial et divorce : une analyse longitudinale des ruptures d'union dans une promotion de mariages, *Population,* n° 6, 1985.

ressenti dans les grincements du quotidien. L'agacement provient du fait que (quelle que soit la proximité des milieux sociaux d'origine) chacun a un patrimoine de manières d'agir et de penser bien à lui, différent de celui du partenaire. En ce qui concerne les gestes les plus élémentaires et les plus routinisés, cette différence est autant que possible occultée car elle affaiblirait l'évidence nécessaire des habitudes les plus ordinaires. Or une majorité de conflits se forme justement par révélation brusque de l'inacceptabilité des manières de faire du conjoint : on voudrait ne pas les voir mais elles sont tellement intolérables que ce sont justement elles qui provoquent soudainement la crise. L'extrême variabilité des effets de la confrontation des manières de faire (de l'oubli de la différence à l'explosion brutale) s'explique par le caractère contradictoire du travail identitaire. Le couple est un élargissement du soi, une immersion du je dans un concret vécu à deux en même temps qu'un refus amoureux de la critique du partenaire (d'où la capacité de négation de la différence). Mais l'individu ne peut pas ne pas ressurgir par la réaffirmation de ses frontières propres[1]. L'aspect libérateur, presque agréable du conflit, est souvent lié à cette manifestation simple et rassurante du soi individuel (s'associant généralement à une revendication en termes d'intérêts personnels). Qui ne peut toutefois trop se répéter, au risque de briser le couple. L'hésitation est donc permanente, rendant très complexe la gestion des contradictions conjugales.

Par contraste, le désenchantement amoureux apparaît beaucoup plus simple. Le cycle conjugal débouche sur la définition de routines et de rôles qui portent les

1. F. de Singly, *Libres ensemble,* Paris, Nathan, 2000.

identités : c'est le temps du confort, qui reformule l'exigence de sentiment vers des formes tranquilles ; complicité, générosité, tendresse. Il peut y avoir alors perception d'une perte sentimentale par rapport au premier temps du couple, celui de la reformulation identitaire mutuelle, qui ne pouvait pas se développer sans un climat émotionnel intense. Les femmes ressentent davantage la perte d'intimité dans l'échange relationnel (notamment sous la forme de conversation). Les hommes plutôt la perte sexuelle (soit que la partenaire apparaisse moins désirable soit qu'elle éprouve moins d'intérêt et se refuse plus ou moins explicitement)[1]. La déception peut néanmoins être combattue par des efforts pour revivifier la relation ou, plus passivement, être compensée par l'agrément du confort matériel et identitaire. Mais plus cette compensation est limitée, plus le regard peut facilement se porter sur d'autres partenaires éventuels, plus l'attirance vers un nouvel élan sentimental ou une expérience sexuelle extra-conjugale peut s'exprimer.

La logique du sentiment incite à traiter ce dernier comme un cas à part de motifs possibles de conflits. C'est d'ailleurs ce qui se lit implicitement dans nombre de romans et feuilletons : les recompositions conjugales seraient surtout l'effet d'une rencontre, poussant soudainement l'homme ou la femme à se lancer dans une nouvelle histoire. Si l'on suit cette grille d'analyse, les conflits seraient de deux ordres bien tranchés : les grandes rivalités amoureuses et les disputes mesquines pour des banalités ménagères sans intérêt. Or les deux sont étroitement liés. Les vêtements laissés en tas par le mari, que la femme se sent obligée de ranger, avec le même agacement

1. M. Bozon, *Sociologie de la sexualité,* Paris, Nathan, 2002.

depuis vingt ans, produisent en elle une insatisfaction qui doit être traitée d'une manière ou d'une autre. Par exemple en ne faisant pas d'effort pour répondre à ses demandes d'ordre sexuel, cette non-réponse incitant le mari à porter davantage son regard hors du couple. Dans l'autre sens, ce regard extérieur révèle à mesure qu'il se déploie l'inacceptabilité autrefois ignorée de certaines routines : l'omelette toujours trop cuite, à laquelle l'homme avait cru finir par s'habituer, devient brusquement objet de délit, nouveau prétexte pour délier l'attachement conjugal, etc. Dans ce va-et-vient entre amour et petites choses du quotidien, les apparentes banalités jouent souvent un rôle très important de déclencheurs des conflits.

2. **Place et forme du conflit.** – La place du conflit a changé depuis quelques dizaines d'années. Cela est dû au fait que les unions sont devenues plus instables : désormais il est susceptible d'entraîner la rupture conjugale, ce qui pose un problème nouveau. Autrefois le conflit s'inscrivait dans une union obligatoirement stable et durable. Il pouvait être violent mais à la condition de ne pas remettre en cause le choix du conjoint, il pouvait d'autant plus être violent qu'il n'y avait guère de risques pour qu'il remette en cause le choix du conjoint. Aujourd'hui, au contraire, la violence ne peut pas se développer sans autocontrôle. Le partenaire qui déclenche un conflit se trouve placé devant la nécessité de s'inscrire dans un système de double personnalité : d'une part il doit laisser libre cours à la spontanéité de l'instant pour se libérer de la rancœur accumulée, d'autre part il doit contrôler la scène de ménage pour qu'elle ne remette pas en cause l'accord conjugal plus qu'il ne le souhaiterait. Ceci y

compris dans les minuscules désaccords quotidiens, car la moindre brouille est désormais porteuse d'une rupture possible.

Ce contexte différent implique de grands changements dans la tête des protagonistes, devenant par nécessité stratèges observateurs de leurs propres actes. Le bouleversement est moins important en ce qui concerne les formes du conflit, car nombre des modalités anciennes de la guerre conjugale se trouvent être adaptées à la nouvelle situation. Il semble toutefois que les tactiques d'affrontement indirect et de camouflage soient de plus en plus utilisées. Elles permettent en effet de résoudre la question : Comment entrer en conflit sans remettre en cause l'union ? L'affrontement ouvert pose trop le problème de l'avenir du couple. L'art consiste au contraire à utiliser tous les moyens permettant de mener la guerre sans donner l'impression de la mener, exactement comme dans la conversation lorsqu'il s'agit de dire sans donner l'impression de parler. L'analyse du conflit doit donc s'introduire au plus fin de la trame conjugale. « Petite phrase », geste significatif, silence implicitement boudeur, ironie, allusion, etc., des escarmouches minuscules sont omniprésentes dans les échanges conjugaux.

De vraies scènes de ménage surgissent toutefois sur fond de ce fonctionnement quotidien, soudaines, plus violentes, moins contrôlées. Elles sont souvent fortement ritualisées, se répétant plus ou moins régulièrement avec des variantes infimes. Il n'est pas rare que les acteurs finissent par connaître leurs répliques par cœur et par jouer la scène sans trop d'émotion. La ritualisation évite les risques de dérapage. Plus elle est structurée, plus elle permet d'élever le ton, de se libérer physiquement sans conséquences pour l'union conjugale. La plupart des couples construisent ainsi leurs scènes défoulatoires, parfois légères et donnant même matière à rire, parfois plus violentes, parce que l'insatisfaction est plus profonde. L'événement prétexte a surgi un jour, sans que les acteurs aient songé à le choisir comme motif de conflit régulier. Cette sélection ne se produit pourtant pas par hasard. L'événement prétexte est en effet toujours situé de la même façon dans les contradictions conjugales : en rapport avec un problème crucial mais positionné en décalage, soit qu'il puisse aiguiller vers une autre interprétation, soit qu'il puisse être vécu pour lui-même, sans lien avec le problème sous-jacent. Nous retrouvons-là le mécanisme de la double entente, plusieurs fois entrevu dans le fonctionnement conjugal : les conjoints peuvent mettre un contenu variable (plus ou moins chargé des questions les plus brûlantes) dans la scène qu'ils sont habitués à jouer. Ceci explique que l'événement prétexte soit très souvent un geste, une petite manie particulièrement agaçante, et que l'ambiguïté ne soit pas levée pour savoir si c'est le geste en lui-même ou ce qui est derrière qui est au centre du conflit, ceci explique également que chaque partenaire ait un avis sur la question, avis changeant suivant le contexte des échanges.

3. **L'effet régulateur.** – La scène de ménage a un effet régulateur incontestable. Elle permet de « vider son sac » comme le dit l'expression. Elle permet aussi de dire autre chose qu'en période de paix, même si le langage est ambigu, de pointer un problème. Plus rarement, elle peut permettre une explicitation et une réforme des comportements problématiques. Quelle que soit l'intensité des conflits. Daniel Welzer-Lang sou-

ligne cet effet régulateur, situation pourtant extrême, dans les couples où l'homme exerce des violences domestiques[1]. L'homme violent ne parvient pas à se faire à l'idée que la famille ne se plie pas totalement à l'idée qu'il s'en fait, il oscille entre repli sur soi et expansion brutale de sa volonté tyrannique, ce qui produit un cycle de la violence. L'auteur distingue quatre phases : le quotidien conjugal, avec stress, tension et contrôle ; la scène violente ; la rémission, avec culpabilité et excuses ; la « lune de miel » enfin, qui explique pour une bonne part que les femmes battues aient du mal à se libérer de l'emprise de l'homme violent. La scène violente doit donc être replacée dans cet ensemble. L'effet régulateur (pour l'homme) s'exerce d'autant plus qu'il s'agit d'un cas où le conflit, pourtant intense, est associé à une non-remise en cause de l'union.

La mise en évidence de l'effet régulateur, comme le montre justement l'exemple de la violence domestique, ne doit cependant pas déboucher sur des simplifications conduisant à dire que la scène de ménage pourrait être bénéfique, sans autres précisions. Il s'agit d'un mode de traitement de l'insatisfaction, au même titre que la défection secrète ou que la parole ouverte, et qui, de la même manière, a ses limites et ses risques. Les limites sont celles de l'intensité de l'insatisfaction à traiter. L'effet régulateur ne se développe sans conséquences que s'il n'y a pas élargissement du conflit vers une remise en cause du couple. Or un motif de discorde trop grave ne permet pas de se maintenir dans l'ambiguïté, encore moins de s'autoriser une distance amusée dans le conflit. Les risques sont ceux de la spontanéité libérée, de l'émotion qui fait perdre le contrôle de soi, de la violence qui appelle la violence

1. D. Welzer-Lang, *op. cit.*

dans une fuite en avant aveugle dont le principe est de se faire du bien quand on fait mal. Les risques sont ceux de parler plus qu'on ne le souhaiterait, et que ces mots échappés dans l'élan de la colère laissent des traces : le couple peut se briser à cause de petites scènes de ménages mal contrôlées.

La conversation conjugale est un art très difficile, tout ne peut pas être dit, dans n'importe quelles circonstances. Elle reste cependant l'instrument privilégié pour bien résoudre les conflits.

CONCLUSION

Le couple a changé. Autrefois institution dans laquelle on entrait pour la vie sans trop se poser de questions, il est devenu un système mouvant d'ajustements permanents de la vie à deux et requiert désormais un véritable travail et une compétence de la part de ceux qui tentent l'expérience. C'est pourquoi des connaissances sur le fonctionnement conjugal sont et seront de plus en plus nécessaires. Non pour que les acteurs prennent une distance d'analyse exagérée avec ce qu'ils vivent. Car le couple n'est jamais aussi fort que lorsque « ça se passe tout seul ». Mais justement parce que cela ne se passe plus tout seul.

La connaissance du couple d'aujourd'hui est importante également dans la mesure où elle touche à quelques-unes des questions majeures du fonctionnement global de notre société :

Le lien social. – Alors que le lien social était un cadre imposé aux acteurs et définissait leur identité, il devient un élément ouvert, à construire. Or le lien conjugal représente un segment primordial du lien social dans son ensemble. C'est pourquoi des questions comme le choix du conjoint ou l'amour sont centrales non seulement pour le couple mais pour la société tout entière.

L'identité. – Notre société fondée sur la responsabilisation individuelle impose à chacun d'opérer des choix les plus divers et surtout l'enjoint à construire sa propre identité, construction qui s'élabore dans l'échange avec les personnes les plus proches. C'est principalement cette exigence identitaire qui explique que l'on demande tant au couple, que l'on soit si facilement insatisfait d'une union, que le travail de mise en place et de maintien d'un couple soit si difficile.

BIBLIOGRAPHIE

Bozon M., *Sociologie de la sexualité,* Paris, Nathan, 2002.

Caradec V., *Le couple à l'heure de la retraite,* Rennes, Presses Universitaires de Rennes, 1996.

Chaumier S., *La déliaison amoureuse,* Paris, Armand Colin, 1999.

Cicchelli-Pugeault C., Cicchelli V., *Les théories sociologiques de la famille,* Paris, La Découverte, 1998.

Fagnani J., *Un travail et des enfants,* Paris, Bayard, 2000.

Kaufmann J.-C., *La trame conjugale, analyse du couple par son linge,* Paris, Nathan, 1992 ; Pocket, 1997.

Kaufmann J.-C., *La femme seule et le Prince charmant,* Nathan, 1999 ; Pocket, 2001.

Kaufmann J.-C., *Premier matin, comment naît une histoire d'amour,* Paris, Armand Colin, 2002.

Kellerhals J., Perrin J.-F., Steinauer-Cresson G., Vonèche L., Wirth G., *Mariages au quotidien. Inégalités sociales, tensions culturelles et organisation familiale,* Lausanne, Pierre-Marcel Favre, 1982.

Neyrand G., M'Sili, *Mariages mixtes et nationalité française,* Paris, L'Harmattan, 1995.

Roussel L., *La famille incertaine*, Paris, Odile Jacob, 1989.

Schurmans M.-N., Dominicé L., *Le coup de foudre amoureux,* Paris, PUF, 1997.

Singly F. de, *Fortune et infortune de la femme mariée,* Paris, PUF, 1997 (4e éd.).

Singly F. de, *Le soi, le couple et la famille,* Paris, Nathan, 1996.

Singly F. de, *Libres ensemble,* Paris, Nathan, 2000.

Théry I., *Couple, filiation et parenté aujourd'hui. Le droit face aux mutations de la vie privée,* Paris, Odile Jacob / La Documentation française, 1998.

TABLE DES MATIÈRES

Imprimé en France
par Vendôme Impressions
Groupe Landais
73, avenue Ronsard, 41100 Vendôme
Mai 2003 — N° 50 222